新生代员工这样管，
活力就来了

邹秀峰◎著

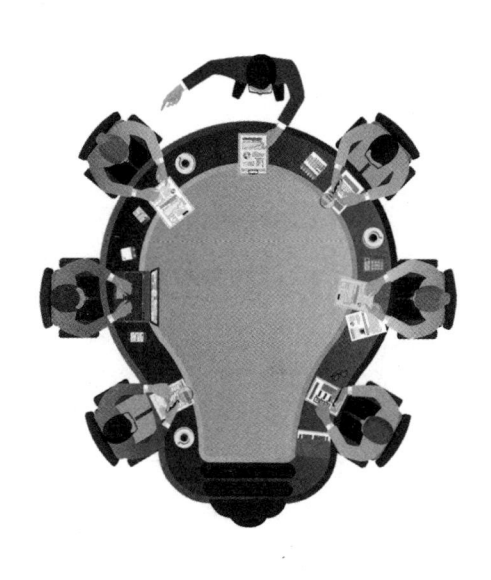

中华工商联合出版社

图书在版编目(CIP)数据

新生代员工这样管，活力就来了 / 邹秀峰著.
-- 北京：中华工商联合出版社，2022.8
ISBN 978-7-5158-3504-4

Ⅰ.①新… Ⅱ.①邹… Ⅲ.①企业管理—人事管理 Ⅳ.① F27292

中国版本图书馆 CIP 数据核字 (2022) 第 107002 号

新生代员工这样管，活力就来了

作　　者：邹秀峰
出 品 人：李　梁
责任编辑：胡小英
装帧设计：回归线视觉传达
责任审读：李　征
责任印制：迈致红
出版发行：中华工商联合出版社有限责任公司
印　　刷：香河县宏润印刷有限公司
版　　次：2022 年 8 月第 1 版
印　　次：2022 年 8 月第 1 次印刷
开　　本：710mm×1000mm　1/16
字　　数：160 千字
印　　张：12
书　　号：ISBN 978-7-5158-3504-4
定　　价：58.00 元

服务热线：010—58301130—0（前台）
销售热线：010—58302977（网店部）
　　　　　010—58302166（门店部）
　　　　　010—58302837（馆配部、新媒体部）
　　　　　010—58302813（团购部）
地址邮编：北京市西城区西环广场 A 座
　　　　　19—20 层，100044
http：//www.chgslcbs.cn
投稿热线：010 — 58302907（总编室）
投稿邮箱：1621239583@qq.com

工商联版图书
版权所有　侵权必究

凡本社图书出现印装质量问题，请与印务部联系。
联系电话：010—58302915

前言

我们通常所说的"代沟"又称作"代际差异"。这种差异主要是不同时代的人在社会价值观念和社会行为、表达方式等方面受不同的社会、政治、经济和文化环境等因素影响形成的。

在日常组织管理中,"新生代管理"这个话题面临着太多挑战和争议,我们又必须面对,不可回避。虽然我不知道你现在身处何地,是何方人士,但我知道你愿意花时间打开这本书,就一定在日常生活和组织管理中,或多或少遇到了不得不面对的"跨代际沟通"的问题和挑战,我希望你通过阅读本书不仅是多了一些认知、多了一些方法,还能和我一起,多一些反思、多一些改变。

"代"可以分为两种类型:一种是自然"代",就是人的辈分关系,这是人类一代一代延续自然形成的;另一种是社会"代",这个"代"则被赋予了社会和文化内涵,是由时代和文化塑造而成的。不同的时代造就每一代人的性格特征差异,导致了"代沟"的形成。

"代沟"的产生是人类社会发展的必然结果,它的存在具有很重要的意义:一方面,从中长期来看,"代沟"是促进人类社会进步发展的内在驱动力,恰恰由于这种代沟的存在,整个人类社会才能不断发生改变,并不断建立新的社会秩序以迅速适应该变化。另一方面,从短期来看,代沟的这种差异又会不断引发代际矛盾和代际冲突。

在一些组织中，好几代人并肩共事的情况非常普遍。不同年代的人往往在工作风格、为人处世、沟通方式和行为习惯等方面存在较大差异。

在这种时候，作为组织的领导者，就需要想方设法来协调好各个年龄层员工之间的关系，根据不同年龄层员工的差异性来做有效管理。

与此同时，跨代际沟通也成为组织管理和组织发展过程中面临的难以逾越的瓶颈问题和重要挑战。由于跨代际组织里不同年龄段人的思维方式和行为习惯存在很大差异，而正是这种差异会导致认知上的偏差和分歧，产生一些不和谐。除此以外，在跨代际人员团队中，大家可能会更容易受到主观刻板印象的影响。新生代员工可能会认为前辈们做事循规蹈矩，比较传统，缺乏创新，很难相处，而前辈们又会觉得年轻人冒失激进，比较浮躁，担不起事，会有很多主观想法，难以管束。所以，当一个团队中人员组成多元化的时候，问题也会随之而来。

的确，新生代人是在中国改革开放的大潮中孕育出生的，他们与前几代人大不一样——他们有自己的个性特征，有自己独特的社会价值观和工作价值观。这种"不一样"困扰着大多数组织，给组织传统的人力资源管理模式带来了很大的挑战。

对一个现代组织管理者而言，他需要深刻地认识到，每一代人身上都具有自己独特的个性和鲜明的时代特征。对于新生代员工的个性特征和日常实际工作中的习惯，应该学会分析和尊重，理解并支持他们这一代人。当我们不断为新生代员工创造有利条件时，他们就能更好更快地适应组织文化氛围和工作环境，大大提高他们对组织的忠诚度，进而有效降低组织的人力资源管理成本，提升组织不断创造价值的竞争力，最终才能使组织在激烈的市场竞争中长立不衰。

作为新生代员工，也一定要充分了解自己的能力和专长，选择一个适合自己的组织进入其中发展，积极主动地工作，在创造力和创新能力等方面充分发挥自身的优势，为自己未来的职业发展奠定坚实的基础。

本书围绕跨代际沟通这一主题，尝试着理性分析新生代员工的成长背景、生存现状和心理状态，厘清代际差异导致的认知冲突问题，以帮助组织管理者们更真实、全面地了解新生代员工，在全面了解他们的成长背景、心理特点、人际关系情况、工作潜力以及他们的人生观和价值观之后，使组织管理者实现思维跨越，从而更加有效地做好对新生代员工的沟通和管理工作，助推组织效能和组织竞争力的提升。

将自身多年的创业、管理和教育服务实践过程中的思考内容整理成文字展现出来并不容易，文中难免会有不足和瑕疵，还请阅读者接纳这种多元思想并交流指正。我也希望得到阅读者的认可，认可本书中的观点和方法。但我更希望通过阅读可以引起阅读者的反思，促进每一个组织的领导和员工都能接纳跨代际的差异，实现思维跨越，进行有效地跨代际沟通，重新找回组织协作上的自信，远离不满、抱怨、担心和绝望。期待通过这些转变，我们都能够从容地面对组织里的跨代际沟通。

邹秀峰

期待能助您在组织管理中交流沟通更从容!

目 录

第1章　知己知彼，洞察新生代员工的特点 /1

　　1. 代际特征，你了解吗？/2
　　2. 了解新生代员工的个性特征 /8
　　3. 多给新生代一些理解 /12
　　4. 正确对待新生代员工的缺点 /15
　　5. 发现新生代员工的职业特质 /20
　　6. 读懂新生代员工的内心需求 /25

第2章　与时俱进，改变不了别人就改变自己 /31

　　1. 改变自己以往的工作方式 /32
　　2. 接受新生代的价值多元化 /35
　　3. 改变管理方式和方法 /39
　　4. 了解新生代员工管理的禁忌 /45
　　5. 采用灵活多变的管理方式 /49

第3章　放下姿态，与新生代员工平等相处 /55

　　1. 淡化权威，抛弃落后的"家长制"/56
　　2. 放下架子，平等相处 /59
　　3. 平等与尊重，避免命令式管理 /64
　　4. 员工第一，做好情感关怀 /68
　　5. 公平竞争，任人唯亲要不得 /72

第4章　提升个体价值，为新生代员工搭建广阔的平台 /77

　　1. 设置可视化目标 /78
　　2. 给予新生代员工发展机会 /82

3. 提供培训、学习的机会 /85
4. 帮助新生代员工做好职业生涯规划 /89
5. 培养新人，为团队注入新的血液 /94

第5章　参与管理，提升新生代员工的工作满意度 /99

1. 给予新生代员工参与决策制定的机会 /100
2. 全员参与管理 /103
3. 让新生代员工决策并负责 /110
4. 敢于授权，调动积极性 /115
5. 给予新生代员工自主管理的空间 /118

第6章　顺畅沟通，用新生代员工乐于接受的方式说话 /123

1. 沟通时学会倾听 /124
2. 消除和新生代员工沟通的障碍 /129
3. 建立完善的沟通渠道 /136
4. 批评也是一种沟通 /142
5. 聊天是很有效的沟通方式 /148

第7章　多元激励，点燃新生代员工的工作热情 /153

1. 明确需求，进行激励 /154
2. 薪酬激励是必不可少的 /159
3. 真诚地赞美新生代员工 /163
4. 榜样的力量是无穷的 /169
5. 激发新生代员工的竞争意识 /172
6. 信任会激发巨大的能量 /178

后记 /181

第1章 知己知彼，洞察新生代员工的特点

作为一个有着鲜明特征的群体，新生代员工给传统的组织管理模式的施行带来了很大的挑战。想要管理好新生代这些员工，了解员工是基础前提。只有了解清楚这些管理对象，洞察他们的特点，清楚他们的各种特质，才能做到对症下药，你才不会被管理新生代员工的冲突和问题所困扰。

1. 代际特征，你了解吗？

当前社会组织结构中的主体人群主要包含"50后""60后""70后""80后""90后""00后"等几代人。每代人经历的历史社会大事件会参与造就每代人的价值观和性格特质。"50后"曾意气风发，又曾失魂落魄。或许正因为经历了这样一种历练，这一代人格外坚强和理性，他们敢想、敢讲、敢做、敢爱、敢恨、敢于战斗……或许，又因长期在基层摔打和实践，他们很少唱高调，在刻苦学习理论的同时，骨子里专注于实干，真正做到了仰望星空的同时脚踏实地。在经济建设的大潮中，他们埋头苦干且很少脱离实际。这是这代人最可贵的品质。

"60后"指1960年到1969年这个区间出生的人，特殊的时代经历让这样一代人敢于挑战和怀疑权威，能够吃苦，不怕挫折，敢想敢干，具有超强的责任心和事业心，拥有更强的社会责任感。"60后"因为整个时代的变化，他们没有办法持续去做一件很有意义同时自己又很快乐的事情，所以他们自我实现的需求其实是被压抑着的。但"60后"的社交性需求比较强烈，所以他们的社会活动会特别丰富，朋友之间会经常相约见面。

"70后"处在一个相对平和的时代，也是最渴望自由的一代，有的时候跟"70后"接触会感受到冰火两重天的状态，冷的时候真的很冷，而当他把心防打开，跟你投入交流的时候，你又会觉得这个人真的很暖，很想跟他谈天说地，很聊得来。这是"70后"身上的时代属性，他们敢于破壳和突破，主动去连接、处理好关系，就会让我们的生活更自如舒心，与人的关系变得更融洽。

"80后"主要是计划生育后的一代，"80后"从出生到成年正处于社会大发展时期，从计划经济转型市场经济，"80后"的物质生活与精神生活相对上一代人来说更加富足，接受了发展变革带来的新事物新思想，并且接受到较好的素质教育，但不得不说，"80后"所面对的现实社会压力相对较大，在严峻的生活压力甚至说是生存压力下，"80后"正坚韧不拔地向着幸福美好的明天挺身迈进！

我们假设做一件事情的能量是100点，我们做一个决定需要耗费一部分能量，我们真正去执行需要耗一部分能量（分为决策能量损耗和执行能量损耗）。那么"80后"在做决策的时候就已经损耗了70%或80%的能量，只留下了20%~30%的能量去执行这件事情。而对于"90后"而言，他们做一个决策可能只损耗最多20%的能量，还有80%的能量可用于执行，所以"90后"的执行能量、执行力远比"80后"高，如下图1-1所示。

我们研究每个代际的特征，不是为了否定某一个人或者某一代人，我们只是在客观地分析和理性地认知。执行力强有执行力强的好处，比较纠结者决策慢也有决策慢的好处。

"80后"能量消耗与分配：20% 决策能量，80% 执行能量

"90后"能量消耗与分配：20% 决策能量，80% 执行能量

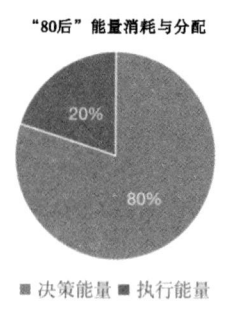

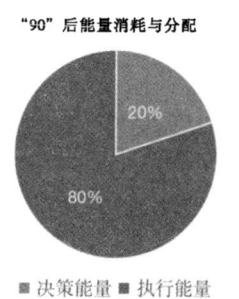

图1-1 "80后"与"90后"能量消耗与分配图

在职场中，"80后"和"90后"可以相处得比较好，偶而也会爆发激烈的冲突，这也是由于"80后"和"90后"在价值观方面存在差异。

"80后"和"90后"的冲突就在于"80后"一直标榜自己很自我，认为自己跟"90后"是靠得很近的一代人，但是当到了职场，或者在日常沟通时，"90后"会不断地怼"80后"，因为"90后"的期望价值观和执行价值观是一致的——我期望我是自我的，那么我做事情就会很自我，我想要什么样子就会表现出什么样子。"80后"的期望价值观与执行价值观的予值导致"90后"一定程度上会很看不惯"80后"，但是如果"80后"可以放下所谓的偏见，而"90后"可以沉下心去理解他们之间的代际差异，用"80后"80%的能量点所做的那一个相对正确的决定，再利用"90后"那80%能量点的执行力去做事情，那将形成一个完美的组合。

其实"80后"和"90后"看似都是以自我为中心，但是"80后"的动力是外驱动力，而"90后"的动力是内驱动力。"80后"如能学会增强内驱力，

聚焦能量，会让生活中的关系更融洽，人际关系得到较大的改善。

"90后"是在所有代际关系中形象最为突出的一代。"90后"从出生开始，生活环境相对前几代优越许多，没有经历过历史和政治上的动荡，也没有经历过大的经济波动。大部分的"90后"都是独生子女。面对异常激烈的职场竞争，他们的心态更加冷峻、更加淡定。在行动层面上更加重视规则，在机会面前更加注重实力。

随着"90后"的慢慢成长，"90后"也创造出截然不同的成果。包括现在我们的互联网生活、大学生创业大赛等，人们会发现他们在新事物的探索、发挥创新思维和创造力方面往往优于前几代人。

对于"90后"的人生而言，追求幸福不在于获得所谓的成功。即使走了弯路，没有成功，但他们依然很欣赏沿途的风景，他们只要感受到自己的幸福就可以了。成功的能量是向外的，成功是做给别人看的，这种成功是被别人认可的成功。而幸福的能量是向内的，幸福是自己的真实感受，代表自我认可，是我觉得我自己很幸福。

"00后"生于中国经济进入高速增长的黄金时期。他们一出生就享受改革开放的成果，物质更加丰富，求学时迎来互联网快速普及时期，眼界更为开放，这一代人的兴趣爱好更为广泛，思想观念更为多元与兼容并包。"00后"仍是以独生子女为主流的一代，因而也具有独生子女身上普遍能观察到的特性，例如，较为自我、更关注个人感受等。作为生于改革开放新时期，长于物质、信息爆炸式增长新时代的"00后"，普遍具有较高的国家自信和民族认同

感。加上"00后"在青春期又遇上互联网、人工智能与5G应用快速发展,接触到的信息量大、知识范围广,因此对这一代人而言,如何处理、筛选触屏的海量信息比如何获取更多信息更具挑战性。"00后"思想约束少、个性强、生活态度洒脱。从社会变化来看,市场经济规则,如自立、竞争、追求效益渗透到了这一代的人生观、价值观之中。

在关于"00后"的研究中,常会提及这一代人具有了对"权威意识淡化"之取向。这里提到的"权威"主要是指家庭中的长辈、老师以及专业领域的专家等。"权威意识淡化"主要表现在认知和行为两个层面上。首先,在认知层面,大部分"00后"已不会盲从或迷信"权威"。其次,在行为上,主要表现为敢于"自我表达"及质疑"权威"。

"00后"这一代最大的特点是开放、自信和国际化。"00后"生长在一个文化、价值多元的时代,他们对传统美德和主流价值观高度认同,认为自己需要具备善良宽容、自信自强、诚实守信等多样全面的品德。

我们对各个代际、各个时代的人的评判永远没有好坏对错之分,存在即合理。如果你是追求成功,没有问题,如果你是追求幸福,也没有问题,能量向内向外都没有关系,只要你觉得过得舒服,找到你自己正好的节奏就可以了。能量的极度向外,极度地在意别人的感受,活得失去了自我会很累。如果能量极度向内、极度任性的话,过得极度自我,而完全不顾外界的感受,就会变成自私,也不会过得幸福。

所以,不管能量是向内还是向外,我们都期待达到一个平衡的状态,就像天秤一样。所以大家可以给自己下一个定义，贴一个标签，这样是为了更好地认识自己，让自己过得更幸福，让自己过得更平和、更从容，而不是为了在标签里给自己设限，更不是去贬低自己抬高别人，或者抬高自己贬低别人。

其实，大家都应该学会找到"中"的平衡状态，这会让我们的生活状态更好，在生活中的关系更稳定和持久。

2. 了解新生代员工的个性特征

在中国改革开放的大潮中出生的这批新生代员工有着自身独特的价值观、职业观和个性特征，他们与前几代人不太一样，这种"不一样"困扰着大多数组织，特别是为传统的人力资源管理模式带来了很大的挑战。

有一些组织管理者不了解不同工作群体之间的代际差异，经常以他们自己的工作经历和人生价值观来衡量新生代员工，导致新生代员工被看作职场"异类"。为了组织的长远健康发展，作为组织管理者，有必要更为深入地了解和分析新生代员工的个性、态度、情绪以及价值观、敬业度、自我效能感等方面内容的实际特征，以期客观地评价新生代员工，使组织管理者减少对新生代员工的质疑、偏见或歧视，采取适合新生代员工的管理方式，制订个性化的管理措施，为组织进一步发展和赢得人力资源优势提供一定的参考。

新生代员工个性特征的具体表现为：

1.新生代员工更崇尚自由、平等、多元化的价值观。与上一代人相比，他们更乐于接受新思想、新文化，追求自由、平等。他们头脑灵活，思维开阔，个性张扬，敢于挑战权威。

2. 新生代员工自我意识高涨，但也会让新生代员工组织责任意识相对较弱。作为独生子女，新生代员工享受着家庭给予的呵护，受到宠爱甚至溺爱，这使他们形成不善于妥协和忍让的特点，强调个性，要求平等对待。在这种意识主导下，新生代员工易形成以自我为主的思维习惯，占有意识比较强，合作意识、责任意识却比较淡薄。面对问题时，领导者往往可能会选择采用激烈的争论或温和的"大事化小，小事化了"的处理方式来进行回应。但新生代员工则不同，他们具有强烈的自我意识，他们一般会采用很"佛系"的处理态度来进行回应，比如会说"懒得理你""你根本就不懂"等。很多新生代员工从小到大都是在父母的悉心照顾下长大的，父母对他们非常负责。而说到底，他们没有真正接受过现实中的种种考验，因而他们可能普遍对"责任感"这个词没有什么概念。同样是接受一项工作任务，老一代员工和新生代员工会有不同的表现：老一代员工会想方设法把这项工作完成好，哪怕是占用他们的下班时间；而许多新生代员工往往不会这样做，他们从内心就认定下班后的时间是属于他们自己的，不能被任何人任何事侵占。组织为员工提供保障，员工对组织忠诚，这是中国传统的职业道德观念所一直强调的。但是一些新生代员工则不同，他们没有固定的职业观，为了满足一时的新鲜感，可能去尝试不同的岗位工作，或者选择新的职业领域进行发展。在新生代员工眼中，为员工提供就业发展的机会是组织的责任所在，组织是否具有培养员工综合职业素质的平台和实力是他们更加看重的。因此一旦组织无法满足他们的需求，他们就会毫不犹

豫地选择离职。

3.新生代员工文化知识水平相对较高、学习能力强，同时也使他们缺乏清晰的自我定位。新生代员工从小就有稳定的学习环境和良好的学习条件，父辈信奉"知识改变命运"的观念使他们承载着希望，他们大多都经历了正规、系统性的学习。在科学技术快速发展的巨大推动下，知识、信息更新、转化速度和信息网络传播速度越来越快，新生代员工已经深刻认识到持续学习的巨大重要性。在日常工作中，很多东西要求新生代员工做到即学即用，正规、系统学习培养持续学习能力为推动新生代员工工作中不断提高持续学习能力打了下基础。除此之外，长期处于"象牙塔"中导致理论与实践的脱节会暴露出新生代员工"眼高手低"的问题。初入职场的新生代员工自恃受过高等教育从而希望获取一份"钱多事少离家近"的工作，而这些初出茅庐的职场新人往往不能胜任这些工作，从而导致出现"我想做的"和"我能做的"不匹配，出现自我定位不准的问题。

4.新生代员工肩负着巨大的工作和生活压力。他们愿意表现，渴望得到认可。由于工作时间显著影响公司的绩效水平，在这种氛围下，新生代员工面临巨大的工作压力。与此同时，上有老下有小的"421"家庭模式，以及"二孩"政策放开后家庭成员增加，这一切都加重了新生代员工的生活负担，并且他们还需要面对买房、买车、超前消费导致的经济压力。在父母悉心关爱下快速成长的新生代员工没有经历过太大的艰辛和较大挫折，刚刚进入企业、职场，各种心理压力接踵而来，容易使人产生各种心理波动，状态不稳，情绪变化大，导致心理功能失调。因此，他们会积极努力地工作，特别希望自己被社会广泛认可；他们喜欢具有一定挑战性的工作，以便使自己得到更好的就业发展机会、更高的薪资待遇、弹性化的工作岗位、持续的学习机会，而且非常希望自己在时间和精力上的投入能够有所收获，受到组织公平、合理地对待。

5. 新生代员工的知识面和逻辑表达能力等各种综合能力都得到了一定程度的提升。这种综合能力的提升也使得这个优秀群体拥有了较强的自主创新性和最具综合性的创造力。这一点也正是作为一个新生代优秀员工身上最具价值和核心竞争力的一个优势所在。在许多现代组织中，如果这些知识技巧能够运用得当，将来会变成组织系统持续健康发展的强大推动力，相反则极有可能变成组织的烦恼。

6. 新生代员工更关注个体自身的发展。随着经济条件的不断改善以及受社会教育水平的不断提高，新生代员工认为不公正待遇既不合理，也不合法，随着个人意识的不断增强，他们特别注重维护自身的合法权益。

3. 多给新生代一些理解

一家大型科技公司的作息时间规定是早9点晚6点。一次考勤检查中，有位新招聘的大学应届毕业生迟到了，按照公司相关规定要现场接受考勤处罚10元。当办公室相关工作人员对其开出一张罚款单据后，这位员工竟然当场提问："考勤处罚有没有包月？"

大家听完这个故事后，也许会一笑了之。但是作为组织的管理者，是怎么也笑不出来的。坦率地说，在管理新生代员工时会时常遇到类似的问题。

在很多老一辈员工的心目中，新生代员工是"没有责任感的一代"，他们是温室中养育长大的花朵，经常听到他们这样抱怨："这些新生代真让人琢磨不透，无论你怎样忍让他们，他们还是不满足！他们对你的要求非常多，但自己的工作却做得一塌糊涂。我们不知道怎样才能让他们满意！"而新生代员工也有一肚子的委屈："我为什么得不到领导的理解和支持呢？我的工作能力不比任何人差啊！每天拿我当劳工一样使唤，一会儿安排干这，一会儿安排干那的，最后干完了还说你干得不好！"

其实，作为组织的管理者，应当客观地看待"90后""95后"，抛开成见，多给他们一些理解，多想想他们的难处和所处的阶段特征。

每个时代的人都有自己特有的追求，比如追求自我、渴望创造、向往无拘无束等。新生代的人也有各自的个性和特点。不能因为他们身上带有某些缺点，就忽视了他们身上其他宝贵的东西，更不能就此全盘否定他们，甚至言语扼杀他们的未来。

由于前几代人在物质上大部分是不富裕甚至是贫乏的，所以，他们觉得"90后""95后"这些新生代的生活是非常幸福的。但是，从另一个角度来看，他们也是"很苦"的：由于他们大部分是独生子女，从小陪伴少，童年是孤单的；长大成年后，就业压力又非常大，很难找到一份自己喜欢的工作。新生代需要承担非常大的压力，尤其是一线城市的职场新人，他们一直活在矛盾和焦虑之中，有的时候觉得自己精力非常旺盛，可以满怀热情地去做任何事情，而有些时候又会无比消沉，感觉非常迷茫、前途黯淡。一方面他们要成家立业，另一方面还要赡养父母、照顾孩子，再加上不断提高的物价和通货膨胀，导致他们的生活压力和经济压力都非常大。

新生代并非都是我们通常认为的"叛逆"人，恰恰相反，他们中的主流部分仍然非常"传统"，而且更具创造力。他们同样继承了助人为乐、见义勇为等许多我们中华民族的优良传统。与上一辈或更上一辈人相比，他们接受了更好的文化教育，见多识广，个人综合能力更强，喜欢在挑战中成长。他们并不是管理者所说的那种问题员工，也没有那么不好管理，只不过对基层管理者本身提出了更高的要求，需要管理者不断提高自己，适应时代变化之下的职场变化。

第1章 知己知彼，洞察新生代员工的特点

人力资源管理专家认为，不只是新生代员工的问题多，其实每一代员工都会带有其自身的一些问题。老一代员工刚参加工作的时候，他们为人处世的态度也同样遭到了领导者的质疑。只是新生代员工的这些问题表现得更鲜明、问题更集中而已。对于一个好的组织来说，应该在不影响实现组织目标的前提下，多给新生代一些理解和支持。

社会的车轮永远在向前滚动。生物学的现代进化论原理告诉我们，旧的人或事物终究是要被新的人或事物取代，新的总要代替旧的，新的人或事物总是可以代表未来事物发展的大方向。可能你真的不愿意接受这样的事实，但它的确已经存在了。新的事物往往是最有趣和最具生命力的，未来是属于新生代的。我们不要用那些传统的经验与思想方式进行说教，这样做没有任何好处。我们需要做的是重新认识和理解这一群人，并且尝试不断走进他们中间，不断改变自己的思想与行为，用新生代能够接受的方式与他们进行沟通交流，开展合作，给他们足够的空间去发挥，他们也一定会用自己的智慧与热情来回报组织。

4. 正确对待新生代员工的缺点

"个性强""任性""以自我为中心""回避工作压力""独立性差""不善于团队合作"……这些是很多组织管理者对新生代员工的印象,好像每个新生代员工在组织里都是一个"问题者",很难管理。

然而,新生代员工自己却有不一样的看法:与上一代人相比,他们更加懂得享受生活,懂得在工作中寻找乐趣,更加善于学习。无论组织管理者怎样看待这些新生代员工,也不管这些新生代员工怎样评价自己,总结分析一下可以发现新生代员工身上有这样一些个性化的特征:

第一,不喜欢接受他人的批评,或者是被批评后的处理方式过于偏激。新生代员工受到批评后,一般会有两种结果:一种是消极怠工,他们会认为领导不懂我,从此就变得萎靡不振,工作起来没有任何激情,工作绩效也会变差;另一种结果是他们直接申请辞职,他们认为领导有点矫情,不想与这样的领导共事,不想惯着这样的领导。不管是消极怠工还是直接辞职,这两种结果都会使组织的人力资源管理成本大大增加,但是批评又是组织日常沟通管理中经常用到的方法,这样的局面让组织管理者感到非常无奈,有时候也比较尴尬,感觉管理权威完全丧失。

第二，不遵守职场"潜规则"。我们所说的职场"潜规则"是指大家日常遵守的职场规矩，如尊重组织高层领导、尊重权威等。但是，在新生代眼中，这些职场中的"潜规则"跟他们没有一点儿关系，他们不喜欢也不遵守。他们认为完成工作就可以了，为什么要在乎那么多"形式主义"的规则呢？他们更喜欢直截了当、直来直去的方式。

第三，不能抵抗长期的压力，稳定性较差。曾经有一项调查显示：有高达95%的新生代员工认为工作不论"更好"，只有"合适"。高达56%的新生代员工工作不满一年就跳槽，也有25%的人一到两年就会更换新的工作。面对越来越激烈的就业竞争压力，新生代员工变得无所适从。面对这种竞争压力，他们表现得非常脆弱。他们更愿意追求有意思的新的挑战，而不只是有意义的需要对抗某种长期性压力的挑战。

第四，过于高估自己，具有超强的自我意识。因为这些新生代员工大部分都是家中的独生子女，他们拥有更加强烈的自我意识。这种强烈的自我意识很容易与现代组织内部提倡的团队合作精神产生强烈的碰撞，而出现一系列的矛盾和管理上的问题。面对这些管理问题，传统组织的员工会尽量与领导协调沟通，无论发生激烈对峙还是争吵，他们都是希望通过沟通的方式来解决；而新生代员工则不同，由于自我意识高涨，他们一般会表现出无所谓的态度，可能会选择以"懒得理你""你根本就不懂"等方式回避问题。他们更追求平等的非正式的沟通形式，而不会因为你是领导或老员工，就觉得应该维护团队的表面和谐，去做忍让或妥协的行为，他们更愿意表达出自己的真实想法。

尽管新生代员工存在这样那样与传统老员工不同的特征，呈现出不足，他们的这些不足给组织管理带来了新的冲突，也让组织的管理遇到了挑战，但他们也为组织的发展注入了新的活力。他们身上具备很多特质，如富有青春朝气、眼界开阔、敢想敢做、勇于创新、多才多艺、积极乐观……

有一家工程设计公司的管理者就是充分利用了"90后""学习能力强"这一特点，让团队人员实现优势互补。这家工程设计公司为了增强竞争力，从海外引进了一批新的技术工具，在经过一番培训后，"90后"员工很快就掌握了新技术的使用方法，而老员工受固有经验的限制使他们适应新技术工具的使用速度很慢。于是，该公司利用"90后"员工学习能力强这一优势，将他们和领导者们编成一个项目组，引导他们去传授领导者操作机器和使用软件。同时，又让领导者根据他们的经验告诉年轻人如何运作这个项目。通过这样的交流和互助，整个团队焕发出新的生机和活力。

其实每一代人都有他们的优点和缺点。作为管理人员，应该充分地挖掘新生代员工的优点，绝对不能只看到其缺点，而对其优点视而不见。所以面对新生代员工的来袭，管理者大可不必将他们视为"洪水猛兽"，而是应该多发现他们身上的优点和长处，扬长避短，发挥他们的优势，这样才能取得好的管理效果。同时，在管理和领导这些新生代员工的时候，我们要注意以下几个方面的问题：

一是领导要给他们充分发挥自身独特才华的机会，并提供广阔的职业发展空间。因为新生代员工从事某项工作的最终目的不仅仅是完成工作和养家糊口，他们更注重他的企业、公司是否能真正帮助自我健康成长，是否真的能够

实现自我人生价值。因为新生代员工不喜欢受制于领导者，对于无论什么样的事情都只能是领导自己说了算，员工只负责执行的那种做法，他们是否定的，他们可能会认为这就是领导限制了自己才能的充分发挥。因此，管理者一定要尽量避免命令式、权威式的领导工作风格，多多地采用参与式的、授权式的工作风格，提高员工实际参与度，激发其实际工作时的活力。

二是组织管理者在工作中必须做到张弛有度，既要及时被动施压，也必须做到及时主动解压。既不能一下子把他们压垮，也不能让他们随意放纵。要逐步地锻炼新生代员工的两种心理能力，即承受困难的能力和有效解决处理实际问题的能力。管理者要明确原则与边界，做好引导，让新生代员工在工作中有轨道可循，还有施展创新思维能力的空间。

三是敢于舍弃。韦尔奇的活力曲线告诉我们一个非常朴实的道理：黄沙淘尽始见金。在日常管理中，组织管理者对新生代员工确实要宽容一些，多给他们一些理解和机会，但这种宽容应该是有限度的，对于多次犯错误仍然不知悔改的顽固分子，应该适度惩罚以警示，有必要时予以淘汰。经过一轮又一轮的严格考核筛选，最后能留下的必然就是经得住考验的优秀员工。如图2-1所示。

四是管理者要有一个年轻的心态。不仅做新生代员工的上司，还要做他们的朋友，这样就会形成一个融洽、和谐的工作氛围，同时也有利于彼此间的沟通。管理者与新生代员工沟通时要善于将正式沟通和非正式沟通两种方式灵活使用。

杰克·韦尔奇"活力曲线"

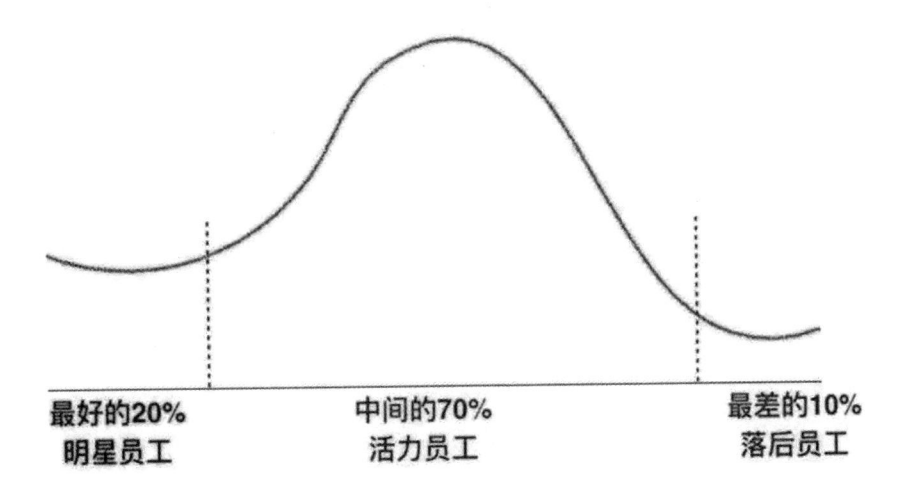

最好的20%　　　　　中间的70%　　　　　最差的10%
明星员工　　　　　　活力员工　　　　　　落后员工

图 2-1 杰克·韦尔奇"活力曲线"

对于新生代员工的管理，不同的组织会采取不同的方式。作为新生代员工的领导，应以开放的心态去了解当前的时代，了解这群人。只有了解新生代员工的基本性格特征，了解新生代员工的实际需求，才能有效地管理新生代员工，激发新生代员工的活力，让他们为企业持续发展壮大提供新鲜动力。

5. 发现新生代员工的职业特质

特质是指每个人内部的行为倾向，具有整体性、结构性、持久性、稳定性的特点，可以为个人外显的行为、态度提供统一的、内在的解释。职业特质，是指人与职业行为有关的差异性的内在的个人特点。与前几代人相比，新生代员工的成长环境有很大的不同，所以形成了他们自有的职业特质，具体表现为：

1. 打破传统的职业理念

在很多新生代员工心中，"以厂为家""以公司为家"的传统职业理念是不正确的，他们并不认可。这种传统的职业理念让他们认为自己与公司之间是一种不等价的交换关系。当新生代员工认为与公司是不等价交换时，就会出现各种问题。所以，这就需要管理者根据新生代员工的特质变换管理模式。

2. 注重技能的运用，不喜欢单纯吃苦耐劳的埋头傻干

新生代员工比较重视知识学习和专业技能方面的培训，认同专业知识的力量，在工作中比较注重专业技能的综合运用。有人说"新生代不喜欢加班"，其实新生代员工不是缺乏吃苦耐劳的敬业精神，只是不喜欢埋头傻干，而是更

追求用技能和工具高效地去干。

有一天我接到了一个紧急讲座的邀请电话，而当时我正在办公室接待重要客人。于是我只能安排公司一个应届大学生帮我做PPT，沟通完我的课程结构等内容后，问她多久能做出来，她说1个小时内。30分钟后，她就拿着电脑过来给我展示PPT。我说："PPT做得太棒了，非常美观而且效率超高，没想到你这么快就做出来了。"她很坦率地回应我："网上找了几个模块，套上模板就行了啊，这有什么难的？"

3. 对成功方式有独特的理解

新生代员工认为成功的方式有很多种。他们相信自己的才能，只要有人愿意给他们机会，他们会为之努力拼搏。在如今移动互联网的时代，他们更愿意在朋友圈获得自己的一片天地，用自己专长的某项技能过斜杠的自由青春，而那些在事业单位熬年头的人则被他们看成是在虚度年华。

4. 期望较高，注重自我实现

新生代员工自身的各种专业技术理论知识水平比较高，在自己学到的知识不断增加和职业发展能力不断形成的过程中，付出的成本比较大，自然会希望自己能够得到比别人更多的收获，所以他们希望拥有更高的工资待遇。他们事业心较强，自主创新能力和意识也比较强，这就直接决定了这些新生代员工具有更强的渴望职业发展成就的动机。他们在实际工作中，会充分地彰显出更强的积极性和好胜的心理。同时，新生代员工自身职业发展能力不断提高，对

本职工作认识比较深刻，有敢于追求实现自我价值的美好愿望。他们渴望自己能够尽快获得职业成就，强烈希望自己能够尽快得到认可，非常热衷于具有挑战性的工作，把能够攻克工作难题看作是一种日常生活中的乐趣。

5. 喜欢有挑战性和趣味性的工作

作为新生代员工，他们不喜欢枯燥无味的重复性工作，反而更希望能够从事自己喜欢的或者具有高技术挑战性或高趣味性的工作。他们虽然是以任务为工作导向的，但前提是在一定程度上这个任务必须得到他们的认可，并且这些任务一定是他们认为有意思的、重要的、有价值的。

6. 敢于挑战管理者，直言不讳

尊重管理者，在管理者面前说话委婉，不挑战管理者的权威，一直以来几乎是一种不成文的从业"潜规则"。然而，在新生代员工眼里，这些"潜规则"是完全不存在的。他们从来不会拐弯抹角，更喜欢直来直去地表达自己的观点，甚至有时会藐视权威。他们不会看在你是一个管理者的份上，就对你阿谀奉承，他们会有话直说，你是否具有良好的个人修养与管理能力才是他们所看重的。

7. 忠实于自己的生活方式甚于工作

对于日常工作中的任务，传统员工和新生代员工有完全不同的对待方式。作为传统员工，大多数人都能全力以赴、尽善尽美地自己去完成，甚至会不分昼夜地加班，想尽一切办法尽快达到目标。而新生代员工则不同，他们认为工作和生活是分开的，二者不能混为一谈。他们不太喜欢自己的生活被繁忙的工作任务打乱，更不希望自己与朋友之间相聚的美好时光被工作占用，业余时间是他们自己的，他们有自己的休闲、爱好、社交、教育等诸多方面的生活享受与价值追求。

2018年10月，我刚筹建米有校园，正处在创业初期，由于发展还不错，需要搬到更大更好的办公室，大家全员参与，一起搬办公桌椅、电脑等，到18：30的时候，员工小刘突然过来找我说："老大，咱们18：00就应该下班了，我晚上约了女朋友看电影，19：30的场，我现在必须要赶过去，我没搬完的你想办法安排一下啊，拜拜！"说完都没等我回复就跑走了。

8. 自主意识强，看重发展机会

新生代员工的自主意识很强，在工作机会面前，会表现出更强的求胜心理。虽然他们更迫切希望自己的工资收入和专业知识运用能力成正比，但这并不一定就代表他们更加看重自己的薪水。其实相比金钱而言，他们更加看重在企业的发展机会，希望得到弹性化工作的岗位和持续学习的机会，重视自己是否能够得到企业的公正对待。与其他不同职业年龄层的企业员工相比，新生代员工更喜欢直接地向组织中的管理者提出自己的意见和要求。

以上几点就是新生代员工的职业行为特质。当我们掌握好他们的这些特质后，接下来，我们就可以抛弃传统的管理模式，以新的方法去管理、理解、

指导他们。毕竟，一个社会，年轻人总该有年轻人的风格，他们也许浮躁轻狂但却充满生机，正如每个人所经历的年轻时期一样。

作为管理者，多一些宽容、少一分苛责，相信新生代员工一定会成为企业的中流砥柱。

6. 读懂新生代员工的内心需求

组织管理者对人才的去向一定是非常关注的，要想留住人才，了解他们的需求是非常重要的。尤其是对于作为职场生力军的新生代员工，我们更应该用心去读懂他们真正的需求。

每个人都是为了满足自己的需求而行动，需求是人的积极性产生的内在源泉和取之不竭的动力。管理员工也是这样。作为一个组织管理者，要想更科学地管理新生代员工，就必须深入了解他们真实的工作动机和行为需求。当完全了解了新生代员工的工作动机和需求后，才能比较容易理解他们的行为，能够有的放矢地帮助他们找到工作动力。

或许有人会感到迷惑，人的需求有很多，怎样才能满足他人的需求呢？作为新生代员工，他们的需求虽然很多，但他们第一看重的是心理需求，他们非常渴望得到领导的信任、尊重和肯定。因此，在管理新生代员工的日常工作中，管理者应该多关注他们的心理需求，了解他们真正想要什么，并有针对性地采取各种相应的解决办法和管理措施，想方设法尽量满足他们。

卡尔森是一位享誉世界的著名企业家，他曾说："一家企业的总经理同一位政治家差不多，都有选民。公司的选民——全体员工也许不会真的到投票处去投票，但是每个员工确实都在以兢兢业业或消极怠工的方

式来参加选举。"企业管理者应该都希望自己的每个员工是以兢兢业业的工作方式来为自己投票。但是,员工是否会这样做,就要看管理者能不能充分了解每个员工的实际需求,能不能有效地对每个员工进行感情上的投入。

情感是人们情绪和感情的反映。情感激励既不是以物质利益进行诱导,也不是以精神理想进行刺激,而是指以领导者与被领导者之间感情联系为手段的激励方式。领导者和被领导者的关系既有规章制度和社会规范中的成分,更有情感成分。人的情感具有两重性:积极的情感可以提高人的活力;消极的情感可以削弱人的活力。一般来说,下属工作热情高低同领导者的激励方式有关。领导者必须根据不同心理需求,采取一套相应的有效激励方式。千万不可千篇一律,千人一式,而是要因人而异,根据不同的人、不同的心理需求来采取不同的方式。只有这样,才能真正有效地和员工互动和交流,从而达到有效管理员工的目的。

新生代员工是一个特殊的群体,独生子女政策、高等教育改革、高校扩招、时代变革、市场经济发展、东西方文化大冲突和大融和等都在他们身上留下了明显的时代烙印。这一切使得新生代员工在职场上呈现出与其前辈员工不一样的内心需求:

1. 获得组织公平感

公平一直是人类追求的永恒主题,也是组织维持稳定和可持续发展的必要因素,组织公平感是组织(企业或单位)内人们对与个人利益有关的组织制度、政策和措施的公平的感受,包含分配公平、程序公平和互动公平(人际关系公平)三个维度。很多新生代员工都出生于独生子女家庭,有的甚至出生于父母双方都是独生子女的家庭,这就意味着很有可能是两个家庭同时抚养一个小孩，新生代员工在家庭中的地位和重要性自然不言而喻。父母对孩子几乎都是要什么给什么，而且要给就是给最好的：吃最好的食物，穿最好的衣服，接受最好的教育，他们从小到大几乎就没遇到什么大的失败和挫折，社会阅历浅；同时也缺乏吃苦耐劳的精神，心理承受能力较差，对不公平待遇的容忍度较低。因此自小"众星拱月""养尊处优"的新生代比以往时代的员工更加追求公平，在职场中对获得组织公平感的渴望更加强烈。相关研究同时也表明，新生代具有渴望平等的工作价值观，新生代员工具有"自我、平等、革新、发展"的工作价值导向。他们既追求满足自我情感，追求自由个性张扬，又希望能够得到理解和尊重，向往平等和谐的组织氛围，十分注重组织公平感。

2. 获得职业成就感

所谓职业成就感就是指一个人在工作中，为自己所做的工作感到愉快或成功的感觉。职业成就感是新生代员工努力工作的重要动机。行为科学认为，人的各种需求是由一定的动机引起的，而动机又产生于人们本身存在的需要。马斯洛的需要层次理论认为，人类具有自我实现的需要，这种需要就是"人希望越变越完美的欲望，人要实现他所能实现的一切欲望"，具体表现为尽力发挥自己的才能，力所能及地做出最大成就。成长于改革开放、市场经济迅猛发展的新生代员工，他们的生理需求和安全需求从小就得到了极大的满足，他们更渴望满足自我实现或获得成就等更高层次的需求，具有更强的对职业成就感的渴望。

3. 工作生活平衡

工作生活平衡，又称工作家庭平衡计划，是指组织帮助员工正确认识和看待家庭同工作间关系，调和职业和家庭的矛盾，缓解由于工作与家庭关系失衡而给员工造成的压力的计划。相比于他们的父辈，成长于市场经济迅猛发展的时代、几乎是"互联网原住民"的新生代员工更注重工作与生活的平衡。他们认为工作不是生活的全部，也不是生活乐趣和幸福的唯一来源；在他们的工作价值观里，工作是为了更好地休息。

4. 获得长期职业发展

需要的ERG理论是耶鲁大学克莱顿·爱尔德弗在马斯洛的需要层次理论基础上提出的。该理论认为人类具有成长需要，该需要是指个人自身成长和发展的内在愿望，包括马斯洛尊重需要的内在部分和自我实现需要。成长需要能够激励员工创造性地改变自身和环境，它的满足来自个人能力的充分发挥或者拓展新的能力。新生代是成长于科学技术日新月异、网络和信息技术不断更新的时代的新生群体，他们是天生的网络一代，具有精湛的技术，精通互联网各项技能；他们还出生在全球化挑战愈演愈烈的时代，这使他们拥有更开放的价值观，更独立的人格特质，更追求工作生活平衡。相关研究也表明，新生代具有长期发展的工作价值观，新生代希望能够在工作中提升能力，得到长期的职业发展。如图2-2所示。

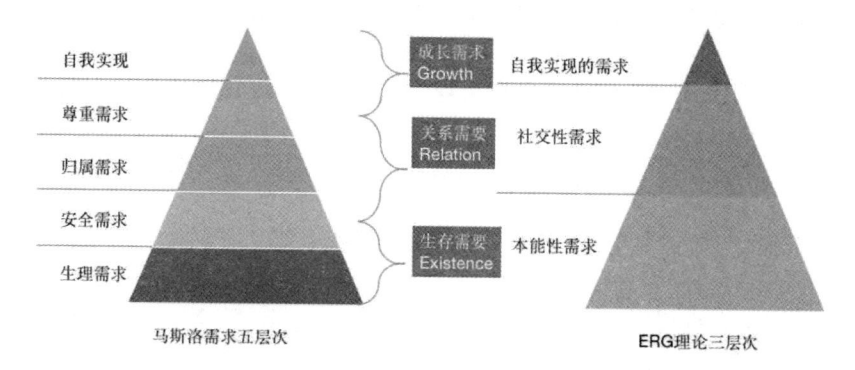

图 2-2 马斯洛需求五层次与 ERG 三层次

5. 和谐融洽的组织氛围

马斯洛的需要层次理论认为，人类具有社交需要，即感情和归属的需要，包括友谊、爱情、归属感等各方面的需要。克莱顿·爱尔德弗的 ERG 理论认为人类有关系需要，即维持重要人际关系的愿望，包括与他人稳定联系以及在相互交流思想和感情中获得满足。这类需要和马斯洛的社会需要、尊重需要中的外在部分相对应。麦克莱兰和他的助理提出的三种需要理论也认为，人们具有归属需要，即建立友好和亲密的人际关系的愿望。由于大多数新生代员工都是独生子女，从小到大吃穿不愁，被父母宠爱，这导致他们更加以自我为中心，心理承受能力较差，他们更渴望实现工作生活平衡，渴望和谐融洽的组织氛围，期待拥有和谐的人际关系。相关研究也表明，新生代员工认为工作时应有和谐融洽的工作价值观，工作价值观的工作氛围维度使得新生代特别重视上级对他们工作表现的认可以及对他们全面发展的指导，同时也看重员工间的交流，希望形成良好的人际关系，非常重视自己与组织的融合。

从我们对新生代员工的内心需求的分析可以发现，新生代员工已经把自己看作是"社会人"甚至是"自我实现人"。但在传统管理理念下，组织却仍把员工当作是"经济人"甚至是"工具人"。如果组织不及时调整自己的管理模式，实现生产经营的转型升级，社会的引导和规范又不到位，新生代员工的管理难题恐怕很难得到解决。

第2章 与时俱进，改变不了别人就改变自己

世界上没有最好的领导方法，只有最合适的。要使管理更为有效，需要灵活运用领导风格的力量。在管理新生代员工的过程中，我们应该与时俱进，改变传统的管理模式，针对新生代的性格特点和需求，寻找适合他们的新型管理模式。

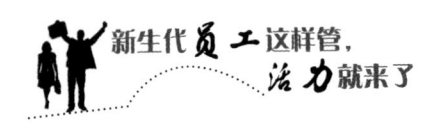

1. 改变自己以往的工作方式

新生代员工，是一个从一诞生就广为流传的名词，提起它往往让人想起前辈们对这个群体的些许不认可和鄙视。如今，这些新生代员工不再是组织中的少数派，他们已经变成了组织和职场中的主力军。随着管理经验的积累，很多管理者发现不是这些新生代员工不好管理，而是没有找到他们愿意接受的方式或方法，我们需要做的是改变过去的管理方式。

对于新生代员工来说，他们比较推崇"人人平等"的理念，那种缺乏人文关怀的军事化管理是无法被他们接受的，他们需要被尊重，特别不认可绝对服从的组织文化。面对他们，组织管理层不能太沉浸在自己的世界里，而忽视了管理对象平等意识的觉醒。

征服欲强是很多管理者的职业通病，他们喜欢绝对服从命令的员工，认为我是领导，下属就应该完全听我的，我安排你做什么完全服从就可以了，没有必要问为什么要这样做，也不应该问为什么这么做。而新生代员工大胆、创新、独立、个性强，他们不喜欢这种工作风格。于是，当遇到新生代员工的反感和对抗时，管理者的征服欲就更强，认为一定要想办法征服他们，结果就很容易导致矛盾和冲突，只会带来两败俱伤。

其实这很没有必要，因为下属／员工是你的合作伙伴，并不是你的竞争对手。我们可以在商业竞争中斗智斗勇，想方设法战胜对方，但是在组织管理中千万不要总想着战胜下属／员工，他们是永远战胜不了的。

管理者一定要明白，新生代员工是对事不对人的，他们在工作中表现出的一些问题并不是针对你。我们应该摆正心态，与他们平等对话、交流，不要听到一点意见或建议，就开始扣帽子，觉得他们是以下犯上、大逆不道。国家在发展，社会在进步，我们是时候调整自己的管理理念和管理方式了。

很多时候，建议比命令更容易让人接受，尤其是在指出员工的工作错误时，命令的方式容易使双方产生矛盾，而建议则显得和缓许多。

刘威是一家科技公司的管理者。他在与员工沟通的时候，从来不会对其讲"你要做这个"或"你别做这个"。他总是建议"你可以选择这样"或询问"你这样做怎么样？"在交谈的过程中，他总会给员工留有选择或思考的机会，而不会直接告诉他应该怎么做，必须怎么做。

建议比批评更适合新生代员工。这是一种更容易被新生代员工所接受的方法，能让新生代员工感受到尊重。有些管理者会强硬地要求新生代员工改正自身的错误，甚至会一遍一遍地对其重复自己的命令。殊不知，这样反而容易引起新生代员工的不满，更加不利于他们发自内心地认识到自己的错误。

在遇到必须紧急加班的情况时，管理者应该如何向新生代员工交代？怎样才能使其心平气和地接受加班并认真地完成工作？最好的办法就是向员工强调这项工作的重要性，让员工产生认同感，这样才能调动员工的积极性。

张琦是一家服装厂的管理者，这天，他收到一笔很大的订单，但是他知道，按照平时的工作进度进行，这笔订单根本无法如期完成。张琦没有直接下达加班的命令，而是召集所有员工一起探讨这个问题。他向员工说明情况，并表明这笔订单对服装厂有重大意义。

在讨论会上，张琦向员工问道："我们能不能接下这笔订单？有没有什么办法能使我们如期完成这笔订单？"员工根据老板的问题提出了各种建议，许多员工表示愿意加班直到订单完成。在员工的支持下，服装厂最终如期完成了这笔订单。

在上述案例中，管理者通过征求员工建议的方式让员工了解订单的重要性，也激发了员工完成订单的积极性。强制性的命令容易引起新生代员工的抵触情绪，而建议和征求意见、询问却能避免这种抵触情绪，使管理者和新生代员工能有效交流，有利于达成双赢的结果。

管理者要意识到，时代变了，管理对象也变了，他们是与老员工完全不同的新生代群体。要实现对他们的有效管理，必须学会改变自己以往的工作方式和工作习惯，摸索一种更适合新生代员工的管理模式。

2. 接受新生代的价值多元化

新生代员工生活的时代是一个价值多元化的时代。作为组织管理者，我们必须改变原来的思维方式，准确把握新生代员工的心理运行轨迹，在顺应新生代员工的那些符合时代发展和改革精神的价值观念的基础上，艺术性地引导他们自觉摒弃、清除思想观念中的负面内容。

在日常管理中，我们要尽可能激发每一位新生代员工的潜能，充分发挥他们的职业技能优势。管理者的职责就是了解不同工作群体的性格特点，理解并接纳与自己所具有的不同的新意识和新观点，接受多元化的价值观。新生代员工多元化的价值观主要体现在以下几方面：

1. 价值多元化

所谓价值多元化，就是承认并尊重个人在社会生活中多种多样的存在意义。价值多元化也可视为价值主体凸显的结果。随着时代的发展，个体真正成为价值的主体，不同个体具有不同的需要就使价值观呈现多元化倾向。

在组织日常人员招聘过程中想找到一个完全符合组织招聘要求的员工是很不容易的，所以，组织只能综合考虑，尽量找到一个基本符合的人即

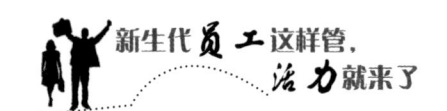

可。几个人的工作能力可能不相上下，但他们在性格、工作态度和价值观方面是存在很大差别的。因此，根据人力资源的适应性原则（能力胜任原则），在管理上也应有所区别。而管理中一个最为常见也最为复杂的因素就是价值多元化，因为价值观是一个人做事的内在动力，组织里员工的行为会受到它的影响；另外，价值观的稳定性也比较好。新生代员工的价值多元化管理非常重要，管理者做好这项工作，一方面可以积极引导新生代员工，让他们的价值观与组织的价值观更加一致，另一方面还可以使组织的工作效率得到提高。

2. 人力资源多元化管理

价值多元化的现象，使多元化管理成为组织管理的必然选择。在组织内部，人力资源的多元化管理实践证明：尊重、承认和包容多元化的组织才能成功；组织内群体和个体之间的差异被认可并受到尊重，才能保证员工最大限度地发挥他们的技能和潜能。

从护校毕业后，于爱琴被分配到一家军医院。于爱琴聪敏能干，外科张主任十分欣赏她，但于爱琴有个"弱点"，就是只要自己认为是正确的，就会坚持到底，直到对方让步为止。因此，外科部的人对她褒贬不一，有的说她固执得可爱，有的说她骄傲得可恶，不过张主任正好喜欢她这种该说"不"时勇于说"不"的好品格，并常常说她是个人才。张主任对于爱琴的认可源于一次手术。

有一次，张主任亲自主刀抢救一位腹腔受伤的重伤病患，一旁值守的护士正好是于爱琴。这场复杂又艰苦的手术从中午进行到黄昏，最后手术顺利成功。只是当张主任宣布进行缝合时，于爱琴突然出人意料地说："等等，还少一块纱布。"张主任问："一共用了多少块纱布？"于爱琴说："应该是用了十六块。""那现在有多少？"张主任问。"十五块。"于爱琴回答。"你记错了。"张主任肯定地说，"纱布我都已经取出来了。而且手术已经进行了那么久，要立即缝合。""不，不行！"于爱琴突然提高嗓门坚定地说，"我记得清清楚楚，手术中我们共用了十六块纱布。"听到于爱琴这么说，张主任这位资深的外科医师似乎生气了，果断地说："听我的，立刻缝合，以后有事我负责！"但于爱琴还是坚持："您是主治医师，您不能这么做啊！千万不能草率啊！"她依旧坚决阻止缝合，要求重新检查。没想到听完于爱琴的话，张主任的脸上竟露出欣慰的笑容。他点点头，接着欣然地松开一只手，向所有人说："这块纱布在我手里。于爱琴，你是一位合格的护士，够格当我的助手。"

年轻人是组织的新生力量和后备力量，更可能是组织未来发展的栋梁。基层管理者应该大胆提拔优秀的年轻人，让他们接受现实的考验，并借此提升他们的能力，他们才能更快更好地成长。

任何人都不是一成不变的，任何一个群体也不是完全统一的。如果用以前的固定模式去管理新生代员工，肯定会出现管理问题。因为管理对象变了，所以我们的管理方式也要随着改变。我们必须要学会接受一些不同的观点和声音，那样才能激发新生代员工的工作积极性，才能为组织创造更多的价值。

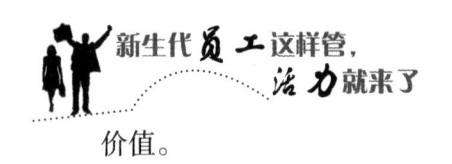

3. 尊重、包容并享受多元化结果

世界上没有两片完全相同的树叶，任何事物之间都有差异。同样，在组织里，每一个员工都有自己的个性、特长和工作方法，管理者只有让每个员工发挥其长，才能使他们各尽其能。

每一个人的个性、知识、经验有所不同，世界才因此丰富多彩。一份事业的成功不是强迫个人去削足适履，而是使每个人充分发挥长处，成为团队不可缺少的一员。这样，一个成功的团队维系成本就能降到最低，个人的个性也得到释放。

在日益多元化发展的社会中，多元化逐渐成为组织管理的重要特点。管理者要正确地对待自己、他人、社会和周围的一切，并且做到能够理解和认同不同人、不同地区、不同社会的差异性，并要学会尊重、包容和享受多元化的结果。鼓励多元化成功也是管理实践的必然选择。

3. 改变管理方式和方法

俗话说，战场上没有不会打仗的士兵，只有不会带兵的将军。组织中又何尝不是呢？没有管不好的员工，只有不会管理的领导。如果你在管理新生代员工的过程中遇到了问题，那么，你就应该首先反省一下自己的管理方式，看看自己都有哪些问题。

面对员工犯错，你是抱着"玉不琢不成器"的教诲之心，还是持以"朽木不可雕"的嘲讽态度？接下来，我们一起来看一个案例，面对以下这种情况，你会以什么样的方式来处理？

丽莎在某知名企业担任办公室文秘一职，她有着"90后"一代人的特质，但也有努力、上进的一面。只是有一次，领导让她准备一份报告，因为一时疏忽，她将一个基础数据写错了，导致最后的统计出现重大差错；因为许多数据都是以此为依据计算的，结果可想而知。集团总部把公司的总经理和HR总监都狠狠地批评了一通。

事后，总经理把丽莎叫到他的办公室，让人意想不到的是，他没有对丽莎大发雷霆，而是先给她倒了杯咖啡，然后让她把收集数据的经过详细地讲述了一遍。总经理听完沉思良久，看着丽莎，微笑地说："其实每个人都有可

能犯错误，你是第一次写这类报告，出现错误在所难免，问题是你的上级的上级，也就是我了，居然都没有仔细检查，想当然地认为你第一次就能做得完美无缺。现在想想都觉得我犯的错误太低级了。"

丽莎对总经理的此番话不太明白，于是问道："总经理，明明是我的错，怎么说是你的错误呢？"总经理语重心长地说道："小姑娘，你是一个很有潜力的人，有一天你做了管理者时，你记住，没有不好的下属，只有不会管好下属的上司。"

总经理以宽容的心态面对初犯错误的下属，并给她极大的鼓励，这不但让下属能避免犯同类错误，他的暖心话语还能帮助她在工作中快速地成长。

一个员工工作绩效的好与坏，跟管理者的管理方法有很大关系。一个组织中如果有一位优秀的管理者，那么他同样可以带领一群普通的员工创造出不平凡的业绩。

对待员工犯错要采取合适的方法，不能置之不理，更不能草率行事，以免给组织造成不应有的损失。在处理员工犯错的事时，主管要避免情绪化，直接针对问题，不要延时纠正。

人在职业生涯成长过程中，环境的影响起关键性的作用，而这个环境的好坏很大程度上取决于团队管理者。同样一个人，在一个优秀的团队里可能会做出连他自己都不敢想的大事来；反之，有可能业绩平平，有的人甚至会成为"害群之马"。

如果你想改变团队管理现状，想让下属与自己实现很好地配合，可以试着从以下几方面着手进行改善。

1. 允许犯错，以教育与措施帮助其改过

对于第一次犯错的下属，管理者切忌不问青红皂白就对其进行批评，因为这将极大地打击下属的自尊心、自信心，影响团队合作氛围。下属犯错有其自身的原因，也有外在的因素，这时管理者要综合分析，并对个性特点与自己工作职责不匹配的下属进行行为规范教育，通过对具体的工作行为进行要求，思想上做工作，逐渐改变下属的行为。对于开会爱迟到的下属，管理者必须对开会的时间进行明确的要求，对迟到者进行善意的惩罚（如要求迟到者贡献爱心基金，会后请同事吃冰激凌。或大家一起陪迟到者做十个俯卧撑，这种方式也易于被新生代员工接受）。只要管理者有足够的耐性，下属就不会再那么"野性难驯"了，并会逐渐与你实现很好的配合。

2. 多和员工沟通，以谈心的方式引导

多和你的员工谈心，了解他们的需要，开导他们。你的员工有今天这样的表现，你有很大一部分的责任。你成功引导一个工作有问题的员工去努力工作，就会使更多工作有问题的员工愿意接受你，你的工作才会越做越好。如果你只会开除或扣奖金，那工作有问题的员工就会越来越多。

3. 学会适时赞扬员工

每个人都希望得到别人的重视，每个人都希望得到别人的赞扬，特

别是新生代员工，他们是在父母不断地激励和赞扬声中茁壮成长的，他们特别看重别人的认同和肯定。如果在工作中，适时地对出色完成任务的员工给予一定的肯定和赞扬，可以激发他们工作的热情。美国通用电气前CEO杰克·韦尔奇说："我的经营理论是要让每个人都能感觉到自己的贡献，这种贡献看得见，摸得着，还能数得清。"领导的认可能够让员工感觉到自己的重要性，这种心理感受可以激发员工内心的责任感和使命感，可以强化员工努力工作、积极进取的态度。值得注意的是，领导认可的时效性和频度很关键。要及时认可但不要频繁使用。如果频繁使用，其价值将会递减；如果只在某些特殊场合和少有的成就出现时使用，价值就会增加。

4. 安排清晰明确，达成共识

在一项调查中发现，不少新生代员工工作懒散，缺乏主动性。当工作出现问题就觉得自己很委屈，甚至推诿责任，认为不是他的错。所以，组织管理者给他们安排任务一定要清晰明确，比如"工作任务的具体完成时间""工作任务的完成标准"等，并且得到员工的反馈确认并达成共识。这样明确地安排工作也是为了更容易分清工作职责，如果在完成任务的过程中出现了什么问题，可以很容易分清是谁的责任——是管理者安排任务的问题，还是员工在执行过程中出现的问题。这样大家就不会相互推诿，能使管理工作中的问题和矛盾减少，效率得到大大的提高。

5. 把过程管理和结果管理结合起来

只要结果，不讲过程，这是很多管理者的一个通病。这是一种粗暴的管理方法，没有科学性。试想没有一个好的过程，能确保有一个好的结果吗？当然不能。所以管理者在管理时，要把过程管理和结果管理结合起来。

过程和结果同样重要，没有过程就没有结果，过程中的所有努力付出都是为了有一个好的结果。建议管理者将结果大目标拆分成 N 个过程小目标，只有确保过程中每个小目标如期达成标准，结果大目标才可以如期达成标准。

工业革命初期，亨利·福特曾发出这样的感慨："每次只需要一双手，来的却是一个人。"福特的感慨其实揭示出一个重要的事实：当你面对一个员工的时候，你面对的不仅仅是一个只知道执行制度内容和走流程的"机器"，而是一个有血有肉、有情感、有智慧的"活生生的人"。所以彼得·德鲁克说，"当你雇用一双手工作时，还附带了一个脑袋和一颗心。"人很难像机器那样，按照事先规定好的原则和规矩不动任何脑筋地去做事。因此，在组织管理活动中，越关注目标，就越需要关注具体做事的人，简而言之就是要管理员工行为，关注其行为结果。

6. 培养员工的反馈意识

没有做过管理者的基层员工当然不知道他的上级最想要的是什么，所以往往会缺乏反馈意识，这个时候就需要管理者对其给予指导。作为管理者的你要告诉你的员工，凡是上级交代做的事，要学会及时反馈，对于没做完的事也

记得及时报告进度。如果你的员工总不记得及时反馈，就要时时督促，经常提醒下属，这样才会帮助他们养成好习惯，信息传达才会畅通。作为员工应自己体会一下，上级经常催你要各种表格，经常问自己事情做完了没有，你是否会觉得很烦。殊不知，是自己缺乏反馈意识，不知道及时反馈造成的。

新生代员工不好管，是企业正面临或将面临的问题。当你的企业也出现让你难以对其进行管理的员工时，不要只是不停地抱怨他们有这么多不足，而要时刻检查自己的管理方式是不是出了问题，是不是自己的"教练"水平还有待提高。

4. 了解新生代员工管理的禁忌

管理新生代员工不是一件容易的事情。因为管理新生代员工的禁忌很多，一不小心就可能惹到他们，给管理工作带来极大的挑战和不便。

对新生代员工而言，有时对错并不重要。即使你是管理者，仍需用正确的方式来阐述事情，不然即使你说的都对，但是方式不当，在他们看来也等于你是错的。你没能让他们意识到问题的存在，他们没有被触动，还是延续以往的行为模式；他们不认可你的说法，也就不会按照你的建议去做。

唯有知己知彼，了解员工有哪些地方需要避免用不恰当的方式处理，才能更有针对性地做好管理，调动新生代员工的积极性，让他们心悦诚服地为公司做事，发挥潜力，使之成为得力的助手和干将。下面是几个较为常见的管理禁忌，是管理者需要注意的。

1. 不公平对待

新生代员工对公平有着很强的诉求，同时敢于提出自己的质疑，在面对他们觉得不公平的事情时会直接问"凭什么"。对于员工的疑问，管理者必须

给其一个合理的解释。

由于公司的预算与资源有限，管理者不可避免地会将资源向核心人才偏移，但这种偏移会使某些员工无法获得同等的待遇而心生不满。为了避免这种情况发生，管理者应尽量做到两点：一是在分配资源时尽量透明化，且找到清晰的依据支撑，以体现结果导向的管理原则；二是与员工充分沟通，避免双方因某些情况产生误解。

2. 忽视员工情绪感受

新生代员工更关注自我，因此管理者在管理过程中激发他们热情与拼劲的同时，也要注意到他们的情绪与感受、付出与辛苦。

大家都期待得到领导的认可，尤其是自我认同感极高的新生代员工。他们更注意自身情绪的变化，也非常在意组织工作过程中的体验感，会在意组织健康的文化理念与良好的工作氛围。这些因素在管理者看来或许不能直接带来效益，却能实实在在提升团队的凝聚力和工作效率。

3. 安排工作不合理

新生代员工在成长过程中接触到了多元的文化，且普遍接受过良好的教育，他们在智力和素质方面的优势是无法否认的。因此，管理者需要依靠自身的能力和个人的魅力得到新生代员工的尊重，而不是随意下达命令，逼迫他们服从。如果管理者本身缺乏计划思维，不能根据新生代员工的能力合理安排任务，或是布置任务时交代不清楚，甚至朝令夕改，那么新生代员工就很难认同这位管理者的做法。

4．无视员工的付出

每个人都希望自己的劳动成果得到别人的肯定，新生代员工也不例外。但很多管理者认为员工将工作做好是理所应当的，做不好就应该虚心接受批评。这种观念在某种程度上会削弱新生代员工的成就感，降低他们对工作的积极性。

想避免这种问题，管理者就要分清楚对人与对事的态度，对事自然需要严格要求，但对人要多鼓励、多肯定、多用欣赏的眼光看待员工的付出和努力。管理者要积极发现新生代员工付出的努力、克服的各种困难与取得的成果，并及时表现出自己的关注、支持与认可。

5．情绪化批评员工

很多管理者觉得新生代员工太过脆弱，批评两句就愤然辞职。但其实很多时候，新生代员工并非不愿意接受批评，而是不能接受他被批评的方式。他们可以接受管理者指出自己工作中的问题，却不能接受管理者带有情绪的无端指责。

如果新生代员工工作能力方面有问题，管理者应该条理清晰地帮助他们分析问题，用辅导代替训斥，这样会取得更好的效果；如果是他们的工作态度方面出了问题，那么管理者也不要因为恨铁不成钢就带情绪地批评他们，这种行为只会适得其反。

6．关注不必要的细节

工作中的细节有重要和不重要之分。重要的细节是必须做好的，而对于

不重要的细节，管理者就不必过分关注。管理者在工作中要求员工对所有的细节都达到尽善尽美，很容易使员工崩溃。

管理者在交代任务时应做到高标准要求，不仅严格要求员工，也应严格要求自己。管理者在向员工传达任务时务必做到简洁清楚，并准确解释自己每个指令背后的意义，有理有据，让员工心服口服地执行。

7. 强迫员工参与集体活动

在职场中，在新生代员工的心中，他们更加注重自我，更看重独立性，即使他们独自一人也能从互联网上找到乐趣。

当你强迫新生代员工去参加集体活动时，可能有时会遭到他们的抵抗，也许他们表现得不会太过火，但毫无疑问这会损害你的管理者权威。

如果你真的想让他们参与到集体活动中来，那么事前可先征求他们的意见，尽量不要强迫他们参加，否则只会带来抵抗，引起更多的新生代员工反感，甚至厌恶。

5. 采用灵活多变的管理方式

德鲁克管理思想中,"人性"是德鲁克阐发、论证管理问题的一个重要维度。人是一切管理活动的中心,管理能否围绕"人性"展开,是评价管理成效的重要标尺。

德鲁克所说的人性确切指的是什么呢?事实上,德鲁克所说的人性强调的是人的需要以及作为人的天然权利。他认为,随着知识经济的深入发展,在管理活动中,管理者要"把人当人看",一切活动要以维护"人性"为中心展开。所以,管理者只有充分认识到人性在管理中的作用,并改变思维方式,将相应理念贯彻到组织的日常管理和经营活动中去,管理才能适应知识经济时代的需要。

因此,对待新生代员工,管理者不能"一刀切",应该根据他们的特点和需求,有针对性地采取不同的管理方式和领导风格。

常州的恐龙园文化旅游集团股份有限公司有这样一个特殊的假日——"情绪假"。按照公司的规定,员工在工作或生活中遇到烦心事或者突发事件而影响到情绪,每个月可以请一天带薪"情绪假"。

"情绪假"制度在该公司已经实行3年了。2018年,该公司有20多人明

确申请了"情绪假"。其中有一半人没有说明理由，只是说心情不好，公司也不会多问，直接安排休息。还有一半人主要是因为家里有突发状况，家人生病或出了意外，所以很多员工会在请事假时选择将情绪假一起休了。

而更多人享受的"情绪假"是隐形的。公司虽然设置了这个假期，但也有很多员工不愿意让别人知道自己情绪不好，出于隐私保护的考虑，部门领导也会主动给员工安排休假。有时候看到员工偷偷在座位上抹眼泪，部门领导就会主动给员工放假。还有员工失恋了，心情不好，也可以休息一天调整心情……

有了这个"情绪假"，员工的忠诚度更高了。

领导者管理风格的有效转变对于鼓励员工充分发挥创造力、培养员工忠诚度来说非常重要。领导者是现代组织的"代言人"，根据新生代员工的不同需求和个性特点转变相应的管理风格，将会更有利于员工对组织增加更多情感，从而最终产生良好的组织管理效果。

新生代员工是组织管理中不可回避的一个群体，每个组织都需要努力寻找合适的方式和方法来管理新生代员工。而这些方式方法的运用则需要根据行业、组织、企业的不同而有所不同，但一些基本的方法和技巧则是可以借鉴的，如转变领导风格、给新生代员工更多的自由空间、鼓励新生代员工提出不同的想法，等等。

1. 转变领导风格

新生代员工的管理之所以让组织倍感困扰，很大程度上是由于管理层的领导风格和新生代员工的个体化倾向的巨大差异导致管理体制、领导行为等方方面面的冲突和矛盾激化。

新生代员工比较厌恶那些总对别人出言不逊、推卸责任、玩弄政治权谋的组织管理者，他们需要保持相互尊重、关怀和真诚。因此，第一，组织管理者需要彻底改变传统的管理观念和领导者的形象，强化领导者管理方式的人性化与管理方法的科学化，努力将自己转变成一个极具个人魅力的现代组织管理者。第二，淡化传统等级观念。因为一些新生代员工具有很强的自尊心，一旦受到严重伤害就很容易导致彼此关系僵化，甚至导致一些新生代员工直接离职。因此，组织管理者首先应牢固树立"平等"的工作观念，改变那种高高在上的命令式管理方式，可以采用与当事人平等商量出合理解决问题对策的管理方式去解决实际工作问题，营造一种彼此相互尊重、平等、宽松、包容、民主的新型组织文化氛围。

笔者将领导风格大致分为三类：愿景型领导、控制型领导和交换型领导。面对新生代员工，愿景型领导风格已不太适用，那种只会口若悬河画饼的领导基本只会导致一个结果，那就是台上开大会"忽悠"，台下开小会抱怨，新生代员工会认为这样的领导只会说正确的废话，一切都是在浪费时间。控制型领导风格更加不适用于新生代员工，领导越想控制、命令，得到的反抗和反弹会越大，这样的领导可能会引发更大的冲突、激化矛盾，带来负面的效果。交换型领导风格更符合新生代员工的人性化需求，维系组织中的关系需要平等交换价值，这样才会产生和创造更大效能。交换型领导技能已成为当下组织管理中领导者的必修技能。

2.给新生代员工更多的自由空间

在现实中，我们经常看到许多忙忙碌碌的领导，就和热锅上的蚂蚁一样，每天忙得团团转，可是却不见成效。其实，他们已经陷入了一种不可自拔的旋涡：干得越多，就越是有更多的工作需要自己亲手去做；忙得越厉害，就越感觉一天比一天更忙了。因为他们总是担心新生代员工做不好工作，总是担心失去对他们的控制，总是认为只有自己才知道如何干，所以不得不一次又一次地亲自去做。相反，如果能给予新生代员工足够的自由空间，把事情交给他们去独立完成，并且不给予太多的干涉，新生代员工的积极性会更高，效果或许会更好。

新生代员工最痛恨被束缚，他们更倾向于接受具有弹性、凸显个人风格的工作方式。认为只有在宽松与自由的氛围下，自己的才干才能得到更大程度地发挥。目前，不少中小企业做了这方面的尝试，尤其是在创意类、设计类行业。部分具有远见卓识的管理者已经清晰地体会到：采取弹性工作制，提供宽松的工作环境，反而能激发新生代员工的积极性，从而为组织创造更高的效益。所以，组织管理的特质要以享受管理、倡导快乐为主，业绩结果重于纪律制约。

3.鼓励新生代员工提供不同的想法

从管理角度来说，管理者全面听取各方意见，尤其是听取下属的反面意见可以团结有不同意见的下属，也能赢得下属的尊重和信任，提高组织的凝聚力。

很多管理者都希望把自己的组织建设成一个和睦的"大家庭"。在这个大家庭中，管理者与员工之间的"和亲一致"是组织发展的内在动力。需要管理者承认和尊重新生代员工的个人价值，培养新生代员工对企业管理的参与能力。

管理者与新生代员工应该是合作伙伴关系，如果管理者不能把员工看作是自己事业的合伙人，处处吝啬、苛刻，就很容易站到员工的对立面去。聪明的管理者应该把新生代员工当作组织的合伙人对待，因为新生代员工不仅是组织财富的创造者，更是组织发展的推动者。

如何根据新生代员工的特点施行有效管理？决策者、管理者所要做的，不是布道，也不是抱怨，更不是强化纪律来约束，而是营造一个良好的氛围，使新生代员工在这个团队中达到单枪匹马工作所不能达到的绩效目标。同时，还要看到组织持续经营和成长的问题，组织文化的特质要以快乐、年轻化为主。实际上，或许只要组织管理层适当改变一下思路，结合新生代员工的特点，使原有的管理制度和管理思路更新迭代，就可以发现新生代员工并不是职场拦路虎。

第3章 放下姿态,与新生代员工平等相处

在管理新生代员工时,管理者应以结果为导向,抛弃形式主义。这就要求管理者必须摒弃落后的『家长制』管理方式,敢于淡化权威,放下高高在上的姿态,学会和新生代员工做朋友,与新生代员工平等相处。

1. 淡化权威，抛弃落后的"家长制"

所谓家长式管理，即组织由一位强有力的人物作为统帅，实行高度集权化的管理。在家长式的管理模式下，所有资源高度集中，所有人员都高度忠诚，所有问题都能被快速决断，所有机会也都能迅速把握。但是，随着组织的不断发展和市场的不断变化，加入组织的外来员工逐渐增多，内部价值观冲突、矛盾冲突、流程冲突也逐渐显现。特别是在新生代员工大量涌入企业后，这种家长式管理与具有逆反心理的新生代员工不适应。家长式管理一般有四个方面特点：管理者权力高度集中；组织管理侧重主观意志；任人唯亲；领导终身制。

1. 管理者权力高度集中

组织的重大事项或者大部分问题的裁决权集中在管理者手中，管理者不会进行授权，员工只能被动接受，要屈从于管理者的个人意志支配，其典型表现形式为个人独裁制。对新生代员工而言，这是无法忍受的，他们需要一个相对开明、民主的公司，能自由表达自己的见解，而不用担忧管理者的权威镇压。

新生代员工是非常重视交流、重视民主与开放的群体。他们中多数人认为与公司只是雇佣关系，管理者要意识到这些，及时改变观念，更新管理方式，引导他们认识到组织是由大家共同组成的，遵守组织的各项规章制度，即是尊重团队所共识的文化和团队协作规则与边界。

2. 组织管理侧重主观意志

由于权力高度集中在管理者手中，组织日常的工作等都直接受到管理者个人意志的影响，包括其直觉、个性、习惯、经验、喜好等，也许组织有制度，但对权力高度集中的管理者而言，那不过是一纸空文。最让新生代员工难以忍受的，是组织缺乏明确的责任分工与权力分配；组织没有稳定的组织结构，呈无序、散漫的状态。由于责任不明，组织员工经常互相推诿、不负责任，导致组织工作效率低下。

新生代员工思维较为活跃、创造力强、个性鲜明张扬，喜欢富有新鲜感与多样性的工作。管理者应根据新生代员工的这些特质分配给其具体的任务，也要敢于授权，让他们担当要职，以激发他们的创造力。管理者要充分激活组织中每个成员的能量价值，以实现组织创造价值的最大化。

3. 任人唯亲

在用人上，家长式管理过于重视与自己关系密切的人，以与管理者感情亲疏远近作为评定员工才能大小的标准，管理者将所谓的"自己人"安置在重要岗位上，造成大量的不称职员工占据管理职位，存在任人唯亲、管理职位人员冗杂的痼疾。新生代员工是难以接受的，他们是不会服从这种管理者的管理

的。知人善用，论功行赏，赏罚分明，赏罚标准合理是新生代员工认可的透明化的组织原则。

4. 领导终身制

管理者始终占据高位，拥有绝对权力，而员工方面则缺少上升通道，即使作出很大贡献，依然改变不了基层员工的身份。长此以往必然遏制员工的积极性与创造性。而新生代员工倾向于在短时间内跻身于公司管理层，公司缺乏升职体制和通道无疑会大大打击他们的积极性。

家长式管理最显著的特点是将自己的意志强加给员工，特别是一些私营企业，如果员工做错事就要罚款，认为罚款可以让员工印象深刻，下次不再犯。但通常结果却事与愿违。员工认为做多才会错多，简单粗暴地按做错就惩罚的方法是种负面刺激，会打消员工主动多做事的积极性，因而会抵制和厌恶，这种做法带来的风险也是不可逆的。

因此对待新生代员工，不要采用家长式的管理方式，不要像家长对待孩子那样对待他们。与其逼着员工去做他们不愿意做的事，倒不如用心创造一种用心专注做事的团队氛围；身处这种环境中，如果员工不用心做事，会感到不好意思。也就是尽量以正确恰当的方法引导员工而不是命令员工。这才是管理的正道。

每个人生来平等，新生代员工更倾向于自由自在的工作氛围，而不认可专制集权、等级森严的家长式管理，何况在新互联网经济时代，"家长制"这种有古旧遗风的管理模式早该淘汰了。

2. 放下架子，平等相处

很多组织管理者经常喜欢"拿架子"，让下属对其产生一种敬而远之的感觉。其实完全没有必要这样做，管理者身处领导岗位，如果一直放不下自己的"架子"，总是摆出一副高高在上、神圣不可侵犯的姿态，一定会影响与下属之间的关系，使下属无法与其进行感情交流和沟通，从而容易使彼此产生一条不可逾越的鸿沟，导致彼此关系越来越疏远。

现在，越来越多的人对"摆架子"嗤之以鼻，尤其是新生代员工。尽管新生代员工并不期待领导会成为他们的朋友，但他们的确期待在与管理者的互动中能获得礼貌、尊重和平等的沟通。

盛田昭夫是索尼的缔造者和最高管理者。他非常平易近人，具有很强的亲和力。在平时的工作中，盛田昭夫一有时间就到工厂或分店中去了解工作情况，与员工们一起吃饭聊天，进行面对面的交流沟通。时间久了，员工们都知道他是一位平易近人的领导，没有任何架子，大家就都愿意跟他说一些心里话。

有一次，盛田昭夫在东京办事，趁着工作闲暇时间，他来到附近的一家"索尼旅行服务社"。进入这家小店后，他微笑着对这里的员工做起了自我介绍，他说："我来这里打个招呼，相信你们在电视或报纸上见过我，今天让你

们看一看我的庐山真面目。"一句话逗得大家哈哈大笑，紧张的气氛一下变得轻松愉快起来。接下来，盛田昭夫在小店里四处看了一下，并和员工们亲切地交谈起来，一会儿聊到店里的工作情况，一会儿又关心起员工的日常生活状况。大家说说笑笑，沉浸在一片欢声笑语之中，大家都为自己是索尼公司的一员而感到无比骄傲。

盛田昭夫说，他像喜欢自己家人一样喜欢这些员工。索尼凭借高层管理者的这种亲和力，使公司上下凝聚成一股强大的力量，并借着这么一支同心协力的队伍一步一个脚印，在高科技优新产品研发方面把对手一次又一次地甩在后面。

在这个故事中，我们看到了一个领导者平易近人的个人魅力，以及这种魅力给企业带来的凝聚力，和其为企业发展带来的巨大的推动作用。

新生代员工平等意识非常强，作为组织管理者，只有充分尊重他们这种意识，不摆架子，和他们平等、和睦相处，才能营造和谐融洽的工作氛围。尊重是具有双向性的。只有管理者对员工表现出了尊重，员工才会也发自内心地尊重管理者，并支持、配合管理者的工作。

当个好老板不在于官架子端得大，而在于是否具有亲和力，是否得到了员工的认可，能不能让员工真正地信服和敬仰。

很多事实证明，具有亲和力的管理者最受新生代员工的欢迎，他们不端官架子，常常会"忘掉"自己的身份，和普通员工真诚交流。他们逐渐把自己的亲和力变成了影响力，使员工忠诚地跟随自己。

管理者放下架子，平等地与员工相处时应做到以下几点：

1. 真理大于权力

管理者应坚持遵守"真理大于权力"的原则。与员工相处，难免会有发生冲突的时候，这时应就事论事，将事实、道理摆在面前，谁的道理正确则听从谁的。

某些时候，即使管理者意识到自己理亏，但碍于面子羞于承认，就会动用管理权力，让员工承认"错误"和背锅，违背"真理大于权力"的原则，这样会导致员工对管理者的信任瓦解，要想重建信任则难上加难。

2. 言辞平易近人

言辞乃心意的传达，有什么样的心意就会有什么样的言辞。管理者应注意言辞上不要过于犀利，尽量采用平静、温和的语言，即使批评员工也不能直来直去，要注意措辞，让员工能接受，否则将拉大与员工之间的距离，无法形成融洽的人际关系。新生代员工虽然喜欢沟通，但如果对方言辞不当，即使对方并无恶意，他们也会觉得不快，更何况当他们面对管理者时，内心早已谨慎对待。此时管理者言辞上不当的缺陷可能会被数倍放大。

3. 心细温和不强势

管理者应该有管理者的行为，但管理者风格不能过于严格，太严则冷冰冰，没有人情味。冷冰冰的风格与行为自然会给员工冷冰冰之感。合格的管理者深知管理和科研不同，科研追求严谨、精益求精，追求十全十美，而管理则侧重于投入产出比、效益最大化。后者做事认真，但也懂得在其工作中并非任

何事情都要追求完美。

合格的管理者善于观察事情的细节，总是留意身边的人、事、物，他们通常会发现处于萌芽期的问题，并早早将其解决。不过虽然他们关注细节，但这并不代表他们拘泥于小节，揪着员工的过失不放。

他们的行为显得很温和，而不是过于强势，他们深知让员工追随的并非强势的行为，也并非手中的权力，而是领导力和自身魅力。因此他们的行为不会太过于强势，有时他们还会采用与员工商议的方式来安排后续的工作。

4.一视同仁

对待员工要一视同仁，不能有偏袒。如果不能平等对待员工，则易引起员工抱怨，打击其对工作的积极性，导致其工作效率低下，无法按时完成任务。"公平"是管理之道中非常重要的一个内容，也是管理者应重点关注的内容。当然，一视同仁也包括管理者自身与员工被一视同仁，员工犯错时会受到处罚，那么管理者犯错时也应如此。

5.尊重差异

新生代员工讨厌千篇一律，而喜欢张扬自我，其性格、行为、爱好、信仰等方面差异更为显著。但有差异并非坏事，由于每个人的成长环境不同，再加上学历、经历、价值观思考深度等不同，人与人之间难免会有些差异。作为管理者，应尊重这些差异，有些员工可能非常喜欢看动漫，而在某些年长的管理者眼中，这可能是有些"不务正业"的喜好，这样就是不对的，应理解和尊重员工的这种爱好。

只要新生代员工这些差异没有违反法律法规，并未妨碍工作，也不会给组织或者其他人带来损失则应给予尊重，甚至可为他们提供必要的帮助。这是赢得新生代员工追随的重要方法之一。

3. 平等与尊重，避免命令式管理

管理者经常会对下属发出命令、下达任务，这是其工作职责所要求的。可是，毫无疑问，做管理不是以权力压人。以权力压下属，尤其是新生代员工，必失人心。

作为"90后"大军中的一员，胡德胜大学毕业后去了一家大型生物制药公司。入职后，他的上司每天都是直接发布命令，然后让他们去执行。这种管理方式让他感觉不到被重视，虽然他每天都按照要求在工作，但苦恼却与日俱增。

某天，胡德胜被管理者安排去外面跑业务，他不解，于是说："我做的是文案岗位，跑业务不在我的工作职责范围内。"上司却说："这是我的安排，作为员工，你服从就好。"胡德胜闷不出声，上司接着说："按我的要求做好，不然业绩会不好看的。"胡德胜虽心有不甘，但仍默默点了点头。

这次出差回来后，胡德胜越来越郁闷，自己有很多工作上的想法，但却无法沟通，只能按照管理者的要求去做。他觉得自身价值得不到体现，长此下去，也无法施展个人才能，只是按部就班地服从命令。尽管公司待遇丰厚，他思虑再三后还是选择了辞职。

如今,"90后"已成为职场中基层劳动力的重要组成,为职场增添了很多活力,正在快速成长中的他们将成为未来社会及组织的主力军。他们自我意识更强,追求实现自我价值,追求获得成就感,渴望获得尊重与重视。

他们思维活跃、工作能力强,不过只有能够让他们自由发挥、并能在工作中获得成就感时他们才会愿意主动工作,反之其主动性较弱,需要激励。如果采用强迫式命令管理方式,则较易引起他们的反感,给管理工作带来障碍。

不要只是命令员工去做,尤其是强迫式命令。虽然员工服从管理是应该的,也是其义务所在,但如果采用强迫式命令方式,员工难免产生逆反心理,就不会全心全意地对待工作。长此下去,给组织带来的损害将是难以估量的。

命令式管理能很好地体现管理者权威,但实质上是官僚主义的体现。这类管理者通常过于强势、爱好权力、好面子,尽管他们的能力也很强,但如果不能激发员工潜力、发挥员工的主动性,对整个企业的发展也是不利的。如今随着企业岗位的细分,合作变得越来越重要,管理者必须明白要依靠员工的力量才能维持组织可持续发展。

管理新生代员工时,聪明的管理者很少采取以命令压人的方法,因为他们知道这样做会引发一些问题。对于大多数新生代员工来说,应采取询问请求式命令,如:"这件事情请你做好吗?""我们要不要这么干?"新生代员工普遍愿意接受这种方式的指令,自然也就能达到最好的指挥效果。因为新生代员工往往都希望得到别人的尊重,不喜欢别人对自己使用命令的口吻。如果管理者能以平等的姿态和他们商量,征求他们的意见,请他们参与决策,他们觉得

受到了尊重，心情肯定是愉悦的，是乐意接受的。

张经理是一个平易近人的人，他身边的许多新生代员工是这样评价他的：张经理从来不会用命令的方式来指挥我们做事。平时，他总是先把自己的想法说给你听，然后问道："你觉得这样做怎么样？"当他在看你的方案时会经常说："你认为这个方案如何？"如果他觉得需要修改一下，就会用一种询问、商量的口气说："或许我们把这句话改成这样应该会更好一点。"他总是给员工自己动手的机会，从不告诉他的助手如何做事；他让他们自己去做，让他们在自己的错误中去学习、去提高。

不难想象，在这样的经理身边工作一定会让人感到轻松而愉快。张经理的做法维护了下属的自尊，让他们感觉自己受到了尊重，从而会积极主动地配合工作。

有的管理者可能会担心：新生代员工本来就难管，用这样的方式沟通，他们会不会视我为软弱，或者不买我的账？请放心，一般情况下不会的。尽管你说出的话是请求、询问式的，可在他们听来，这仍然是命令。对绝大多数新生代员工来讲，这也是最好的命令方式。

古往今来，世界上没有任何一个人可以用武力长久地统驭他人，相反，只有温情和微笑才能得人心。面对自尊心很强的新生代员工，要多采用建议、询问或请求的方式。这决不会减轻你指示指令的分量，却能使你的方式符合他们的心意。

强硬命令会扼杀新生代员工合作的愿望和降低工作积极性，也是破坏上下级关系的隐形杀手。因此，要记住，下达工作指令时选择那些年轻员工更愿意接纳的词语和句子，在和新生代员工平等对话中达成目标共识。这样，新生代员工将会更乐于合作；作为领导，你的管理也将会更受欢迎。

4. 员工第一，做好情感关怀

在这个"客户第一"理论风行的世界里，提出"把员工也视为上帝"这样的观点似乎很奇特。但是，越来越多的优秀管理者深信：员工才是组织最值得尊重的对象，是组织最重要的客户。缺乏对员工，尤其是对新生代员工的尊重和重视，就会使员工变得冷漠与充满怨恨，并会将这个信息直接或间接地传递给组织的客户，最终导致的是组织效益低下。

企业界有一则管理寓言，颇有意味，说的是狂风和微风比，看谁能把行人身上的大衣吹掉。狂风首先来了一股刺骨的冷风，吹得行人瑟瑟发抖，于是行人把大衣裹得更紧了；微风则徐徐吹动，行人觉得温暖而惬意，继而脱掉了大衣。最终，微风获得了胜利。由此及彼，组织文化就应该像徐徐吹来的微风一样，在"柔性"管理之下，令员工如沐春风、意兴盎然。这就是组织文化成功的一个秘诀。

海信集团的组织文化理念是：倡导人和人之间的情感关怀。"在海信，就像生活在一个大家庭一样，让人感觉温暖。"海信的员工深有感触地说。

海信董事长周厚健一贯强调"企业是员工的"。海信把员工当作企业最宝贵的资源，为每个员工的成长搭建了良好的平台：海信每年投资 1 000 万元用于海信学院教育培训经费的支出；定期举办各种论坛、培训活动；利用项目承包制释放人的潜能，等等。这一系列措施营造了一种宝贵的文化氛围，使每一个海信员工都能在工作中感受到成长的喜悦。

海信非常关心员工的生活。除了给员工提供舒适的住房之外，海信针对销售人员长期在外、难以顾家的特殊情况，特别设立了"内部服务110电话"，由专人负责，为销售人员家属排忧解难，以消除销售人员的后顾之忧，使海信真正成为海信人的家园。

在善待员工的问题上，海信更是做到了负责到底：曾有一个在海信技术中心工作的来自农村的大学生杨某因游泳而意外身亡，董事长周厚健在惋惜的同时给予了杨家极大的安慰："你们失去了一个好儿子，是家庭的损失；海信失去了一个优秀人才，也是企业的巨大损失……有什么要求尽管提出来，我们会尽力解决。"对此，杨的父亲感动得泪流满面。

通过这种情感管理，不仅增强了海信员工努力克服困难的信心，还激发了他们的工作热情。正如海信员工所说的那样："集团领导和公司领导时刻想着我们大家，关心我们的工作，关心我们的生活，海信就是我们共同的家。有这样贴心的领导，有这样温暖的家，我们有什么理由不好好干呢？"最典型的事例就是：青海省西宁市有一位少数民族同胞使用的海信空调因当地气温太低导致感温头冻裂，不能启动。海信接到求助电话后，立即派技术服务人员去检修。但途中下起了鹅毛大雪，山路难行，维修人员于是雇了一辆出租车来到用户家里，修好了空调。这种服务令少数民族同胞感动得不知说什么才好。解除故障

后，技术人员又冒着风雪离去。这就是海信员工以实际行动回报公司的实例。

我们都知道应当善待员工，因为他们是与你朝夕相伴的战友，组织的任务最终靠他们来完成，管理者应当真正地为他们着想，要让他们知道你很关心他们。

管理者要多参加员工的活动，了解他们的苦衷；及时与员工沟通，仔细倾听员工的意见。尤其是员工的建设性意见更应予以重视，细心倾听。若是一个好意见并且可以实施，则无论员工在企业中身份是什么样的，也要切实采用。员工会因为自己的意见被采纳而感到欢欣鼓舞。即使这位员工曾经因为其他事受到管理者的责备，他也会对管理者倍加尊敬和关切。

管理者还需要给员工创造良好的工作环境，让他们知道管理者处处体贴他们。管理者还要认可员工的表现，向员工表示赞赏，露出和蔼的表情。对于一位经常面带微笑的领导，谁都会想和他交谈。若你经常自然地面带笑容，自己也会感到身心舒畅。他的肢体语言，如姿势、手势所带来的影响也不容忽视。做出正确的表情和举止，在无形中它已引领你迈向成功的大道了。一个保持愉悦的心情与恰当姿态的人更容易受到众人的信赖。

随着世界经济发展水平的提高，组织管理也发生了越来越多的变化。泰勒时代的"科学管理"等理论由于对被管理者个人的社会需求尊重不足，引起了新生代员工的不满。发展经济的目的是让人过上更好的生活，因此在创造财富的过程中，应该尽量满足人的生存、安全、尊重等多层次的需求。

如果想管理好新生代员工，首先必须要尊重他们。他们只有得到了尊重，才能真正感受到管理者的重视和激励，这样工作起来也会更加积极主动，与管理者的立场一致，主动与管理者沟通和探讨工作，完成管理者交代的任务。

在现代组织管理中，新生代员工已成为组织人力资源主体，只有把尊重切实落到实处，才能赢得他们对组织的热爱，极大地发挥他们的潜能，从而使组织得到良好的发展。因此，组织要以新的思维来对待新生代员工，要以营销的视角来看待开发组织中的人力资源。从某种意义来说，人力资源管理也是一种营销工作，即组织要站在新生代员工需求的角度，通过提供令他们满意的服务来吸纳、开发、留住和激励他们。

员工是组织的衣食父母，他们创造了一个组织的效益和利润。把员工放在第一位，像尊重"上帝"一样尊重他们，激发出员工的工作积极性，组织自然会有良好的业绩。

5. 公平竞争，任人唯亲要不得

任人唯亲依然是当下众多管理问题中较为突出的一个，国有企业中这种现象较为严重，集体企业、民营企业中也不罕见。在不少组织中，与管理者有关系的人都能依靠关系把持着组织中的重要职位，甚至还包括财务、人事等大权，尽管这些人才能有限、业绩平平，但却在组织中担任要职、薪酬丰厚，凭借关系在组织里颐指气使、发号施令。

新生代员工天生不畏惧权威，敢于为公平畅言，他们对此类事件深恶痛绝。在他们眼里，这属于宗派式官僚主义，会给组织带来严重的负面影响，而且也会影响新生代员工的前途。这样必然导致有才能的新生代员工得不到重用，自然就会怀有异心，一有机会就会远走高飞。暂时无法离开组织的新生代员工也不过是"身在曹营心在汉"，效率低下，敷衍对待工作。长此下去，组织必然元气大伤，甚至最终一蹶不振。

"亲"者如果能力与德行皆具备，则属于"举贤不避亲"的范畴；如果管理者任用"亲"者是为了实现个人利益最大化，或者巩固自身的权力，就是损公肥私。任人唯亲会给管理带来很多问题，尤其是当德行、能力较差的人成为组织的核心员工时，组织的氛围则会受到影响，刚入职或入职不久的新生代员工也会被影响。

张科毕业后在一家较有名气的私营软件公司工作。入职后他才发现，虽然这家公司名声在外，过去也做出了不少知名的软件，但公司任人唯亲的现象较为严重。仅他所处部门的一个小主管就在公司安插了两位亲人，不用干活，拿的薪水比张科还要高。而且张科发现，公司的成就多是过去取得的。近些年来，公司没有什么可拿得出手的东西。张科认为这种情况还会持续恶化。由于任人唯亲，管理者将很多脏活、累活都安排到他这里，他辛苦工作，所得薪水却不如那些整天悠闲的"亲人"。他曾就此向管理者反映，管理者却也只是敷衍，说会解决这个问题，却迟迟不行动。无奈之下，张科只好递交了辞呈，因为在这种模式的管理下，公司注定是无前途的，个人价值又得不到体现，待下去也没意义。

采用这种任人唯亲的管理方式是组织发展的瓶颈，如果管理者任人唯亲，组织的发展就很可能会受到阻碍。

某上市公司在成立之后的20年里一直发展得很稳定，前景也十分可观，但其创始人在选择接班人时，没有选择大家认为最优秀、最合适的人，而是任命其缺乏管理经验的儿子作为公司的接班人。而在其儿子接手后的一年时间里，公司非但没有发展，反而有了巨大亏损，在这之后更是每况愈下，最后不得不申请破产。

相反，另一家上市公司的创始人就坚决反对任人唯亲，并且还明确规定员工亲属不得进入公司工作。该创始人认为，如果自己的亲属或员工的亲属进入了公司，可能会互相联合起来，形成不同的利益团体，这对公司的发展是极

为不利的。该创始人在退休时挑选了大家公认的最有管理能力和管理经验的员工来管理公司，使得公司发展欣欣向荣。

任人唯亲的管理方式具有十分明显的弊端，对公司发展会有极大的阻碍。其弊端主要表现在以下几个方面：

1. 组织难以引入人才

管理者任人唯亲会导致组织内部裙带关系现象严重，这使得很多优秀的人才难以进入组织，新生代员工即使加入组织，一旦感受到了这个风气也会立即离职，组织缺少了新鲜血液的加入，自然就会缺乏生机与活力。

2. 组织中会出现因人设岗的现象

因人设岗即不是按照岗位职能去找匹配的人才，而是为管理者的亲属设置原本不需要的岗位。因人设岗极大地影响了公司晋升的公平性，极易导致企业内优秀人才的流失。

3. 组织中会出现越权管理的现象

越权管理也是在任人唯亲方式管理下极易出现的问题。一些员工会因为自己是管理者的亲属而认为自己有更大的权力，越权管理也因此产生。越权管理扰乱了组织正常的管理流程的推进，不仅会造成员工之间失去公平性，降低员工的工作积极性，也会极大阻碍组织的发展。

4. 人才梯队难以形成

当组织形成了任人唯亲的氛围后,优秀的人才难以进入组织,或者即使进来了也会被排挤出去。这会使得组织的人才梯队难以形成,组织的长远发展也将受阻。

任人唯亲管理方式会严重制约组织的发展,人才的缺乏会使组织丧失发展的活力;同时,组织内也极易形成不同的利益团体。这些都对组织的发展造成了阻碍。因此,为确保组织的长远发展,管理者必须摒弃任人唯亲的管理方式。唯有如此,才能建立起相互信任、顺畅沟通的文化氛围,才能调动员工的积极性与创造性。新生代员工极具创新意识,而打造公平、公正的用人环境能够充分发挥他们的潜力,使组织生机勃勃、保持较强的竞争力,为组织持续发展奠定坚实的人才基础。

第 4 章 提升个体价值，为新生代员工搭建广阔的平台

新生代员工注重自我发展和自我实现。组织是否有发展机会和空间，已经成为他们找工作和换工作时优先考虑的一个重要因素。因此在新生代员工进入一个新的组织时，为充分发挥其价值，调动工作积极性，管理者要为其搭建更为广阔的平台。

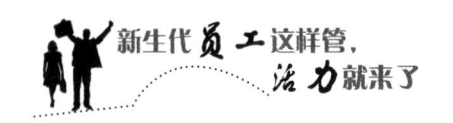

1. 设置可视化目标

《孙子兵法·谋攻篇》曰："上下同欲者胜。"（上下有共同的愿望，齐心协力，才能取得胜利。）《黄石公三略·上略》说："与众同好靡不成，与众同恶靡不倾。"（指挥员和士兵有共同的欲望，有共同的好恶，就没有不成功的事业，就没有消灭不了的敌人。）讲的就是上下一心、众志成城，打仗时奋力向前，军队就会战无不胜。这种"上下同欲"的理念在职场中也适用。

在职场中要做到"上下同欲"，可通过目标可视化实现。根据员工的期待，管理者在其空白涂上更为鲜艳的色彩，从而保证激发员工的潜力。尤其是新生代员工，他们对物质方面的需求较少，薪酬福利对他们的激励作用没那么大，他们反而更在意精神方面的需求，非薪酬福利对他们的激励作用更大，而目标可视化就是满足其精神需求的重要手段。实施过程中，应尽量避免空谈目标，应尽量将组织目标与员工目标结合起来，将组织的发展方向与员工的前进方向结合起来，同时也要规划好目标实现的过程，使得员工能够主动、热情地投入到工作中。

目标可视化指管理者将目标制定得更加详细，具有操作性，让员工能够看到自己的目标在哪里，能够步步朝着目标前进，能够成就感很强、满怀信心地朝着最终的目标前进。将目标可视化，天天看"梦想板"，是一种很有效的激励方式。无论是对于经济方面的目标，如在北京买一套房，还是体质上的目标，如参加并完成一次马拉松比赛或让身材变得更健康，或者是其他目标，可视化都有着神奇的魔力。

通过目标可视化让每位员工明白在每个阶段所对应的工作。如果目标不变，或者实施起来过于艰难，新生代员工会极易感到厌倦，从而扼杀其工作热情，影响工作进度。以明确的目标激发员工的斗志，增强新生代员工的责任感和主动意识，让新生代员工们不再是一盘散沙，积极为同一目标不断努力奋斗。

可视化目标实现的关键在于所提出的目标要恰当，要吻合当下的职场环境、客观情况与实际需要。唯有将组织情况与员工情况密切结合起来，掌握客观情况的需求并加以可视化，才能达到良好的激励效果。

管理者往往只看重组织效益，在没有评测当前员工能力与实际资源的情况下就按照自己的意愿制定目标，认为员工达不到是他们的能力有问题。这样不仅不能激励员工，反而会因为目标难以实现而打击他们工作的积极性，让他们产生负面情绪，对工作消极应对。

在一个服装公司中，销售部门的月销售量平均为2100件。但是销售经理为了提高自己的业绩，在没有做任何考虑的情况下，就给员工制订了4000件的月销售目标。这个目标一下达就引起了众多员工的不满。到了月末的时候，销售经理发现部门的销售量不仅没有提高，甚至连以往的平均水平都没有达到。

上述案例中的目标就是不切实际的目标。销售部门月平均销售量为2100

件，但这位销售经理一下子就把目标定到4000件。过高的目标难以对销售人员起到有效的激励作用，取得不好的结果也在意料之中。

因此，尽管管理者掌握着指挥权，也需要时时检讨所做的决策、聆听员工的意见、认真分析目标的合理性和可实现性，这样制订出的目标才能被员工接受，才能促使员工更有效率地工作。

身处职场中，每位员工都或多或少有所期待。但这种期待并未形成动力，就像是每个人都希望有漂亮的房屋却没有设计蓝图。作为管理者就要发现员工的期待，将其转化为可视化的具体目标，为员工设计"梦想板"。而一旦目标能生动鲜明地表现出来，新生代员工就会在心里获得共鸣，会不断地朝着目标前进。管理者充当了一位"建筑师"的角色，将想法表现在蓝图上，让"建筑"的形象生动呈现出来，让员工能够每天看到这个蓝图，从而激发其努力奋斗的决心。

在为员工描绘蓝图、设置可视化目标的过程中，应注意以下几点：

1. 要做到真正使组织设定的战略目标最终实现，首要的要求就是清晰、明确，只有清晰、明确的战略目标才能算是有效的战略目标。对于一个组织而言，关键时期的战略目标必须始终是清晰、明确的。只有这样，才能真正让组织中的员工明确努力的具体方向，才能对他们产生巨大的带动作用，才能保证全体成员始终朝着既定的战略目标方向前进。

2. 在设置可视化目标的过程中，要加强与员工的交流，尤其是新入职的新生代员工，对于他们的愿景，只有通过交流才会达成共识。管理者要善于发现

一人读书不如三五知己的阅读交流，走长路需要知友的陪伴。不确定的世界，需要确定的学习者。爱读书的人，总会相聚。

扫码加入读书会

越努力，越幸运

不忘初心
方得始终

保持自律

己所拥有的宝藏，并好好利用，发挥它最大的功效。相对于个人能力的磨炼来说，越轻松的工作越容易让人掉以轻心，产生错误；在一个固定的工作岗位上工作得时间长了，容易使一个人逐渐变得麻木、厌烦和懒散。这时候最好的解决办法就是给他重新安排一个具有较大挑战性的工作，激发他对工作的热情。其实每个人都期望着有机会证明自己，被人发现才能并委以重任，这是对他们的极大肯定。人们天生就有很强的征服力，很多人喜欢通过解决组织经营管理中存在的问题来体现自己的人生价值。一般情况下，富有挑战性的工作具有以下几个重要特征：可以为员工提供发展机会，展示自己的技术和能力；能够为员工提供各种各样的任务；有一定的工作自由度；能对员工工作的好坏、存在的问题提供反馈。

全球最大的综合性管理咨询机构"德勤咨询"发布的最新调研报告则显示，较之物质及安全感，新生代员工更注重发展机会。

德勤中国区最新调研显示，虽然69%的受访者对目前雇主"满意"或"非常满意"，但仍有47.9%的受访者表示"可能在未来6个月至2年时间内离开现雇主，寻求更好的发展机会"，超过七成的受访者回答"可能在4年内离开"。

其实，在我们身边就有这样一些年轻人，辞掉收入较高的工作而跳槽到收入相对较低的组织工作。正如美国密歇根大学工商管理学院教授戴夫·沃尔克所说的那样："员工在一段时间内会关注薪水，但如果雇员对工作失去了兴趣，单单靠金钱是不能留住他们的。"

要想从根本上解决新生代员工与组织共同发展的问题，我们只有使用更安全、合理、科学、有效的方法。

新生代员工比较现实，对他们来说，获得晋升的机会是一件很实在的事情，也许他们中有的人对组织的愿景和目标不是很关心，但多数人对自己在这个组织有无不断晋升的机会却很在意。毕竟，工作上位于组织的哪个位置，是与地位身份还有能力联系在一起的。随着位置的上升，权限也会变大，在工作上更能按照个人的思考主导行事方向。

在组织里，当新生代员工付出了很多努力，工作表现也很出色，却没有得到应有的肯定和认可，这样势必会使其对工作失去热情，对组织失去信心。相反，如果一个表现优秀、为组织作出了重要贡献的员工得到了及时的提拔、重用，就会觉得自己受到了重视，势必产生一种自尊感和自豪感，从而会对工作产生更大的热情和信心，并投入更多的精力去努力工作，实现更大的价值，取得更大的成就，从而为组织作出更大的贡献。

没有发展平台，员工就无法施展自己的才华。组织管理者要站在组织未来发展的高度，积极营造一个能"拴住人心"的发展平台，打造一个有利于充分发挥人才作用的机制。

3. 提供培训、学习的机会

有不少组织在招聘到一个人才后，采用"榨"的方式让人才不断输出价值，却不给予任何培训。随着新生代员工逐渐成为职场的主力军，这种用人方式受到了挑战。现在的年轻人找工作时，也许不会太在意一开始的工资待遇，但却会非常在意能不能在该组织里"学到东西"，组织能否给其提供好的培训机会。

新生代员工刚刚步入职场，他们将来还有很长的职业生涯时间，所以他们特别渴望得到学习深造的机会，提高自身能力，给将来的个人职业发展打下良好基础。对于新生代员工来说，他们特别关注组织提供的学习培训机制，这对他们将来的发展具有重要的意义。

新生代员工处于信息和技术日新月异的时代，传统的事务性工作职位将会很快消失，刚入职的大学生在大学时所学的知识将很快失去它的价值，当一个人的学习能力赶不上环境变化的速度时就会被社会淘汰。因此新生代员工具有强烈的学习愿望，不仅是从书本中学习新知识，更多的是向实践学习新技能，使学习工作化，工作学习化。在他们看来，为自己提供成长和发展的机会是组织应尽的义务，因此如果在组织中长期看不到发展的希望，他们就容易意

志消沉,失去工作动力,消极怠工,甚至离职。因此在管理新生代员工时应该增加培训的资金和人员投入,给他们提供多样化的培训学习机会;除了制订组织层面的全员培训和学习计划外,还应该根据岗位性质和员工特点制订员工层面的个性化培训学习计划,或者给新生代员工提供培训学习资源,让他们根据兴趣各取所需。

在进行组织人才培训方面,宝洁公司就是一个非常成功的典型案例。宝洁每年都从全国一流大学招聘优秀的毕业生,并通过独具特色的培训把他们培养成一流的管理人才。

作为一家国际性的大公司,宝洁非常重视员工未来的职业发展,为他们提供了足够的学习和发展空间。对于新入职的员工,宝洁公司会立刻开展对他们的培训工作。

宝洁的培训特色就是:全员、全程、全方位和针对性。

全员是指公司所有员工都有机会参加各种培训。从技术工人到公司的高层管理人员,公司会针对不同的工作岗位来设计培训的课程和内容。

全程是指员工从迈进宝洁大门的那一天开始,培训的项目将会贯穿职业发展的整个过程。这种全程式的培训能帮助员工在适应工作需要的同时不断稳步提高自身素质和能力。这也是宝洁内部提升制的客观要求,当一个人到了更高的阶段,需要接受相应的培训来帮助其更好地开展工作和发展。

全方位是指宝洁培训的项目是多方面的,也就是说,公司不仅有素质培训、管理技能培训,还有专业技能培训、语言培训和电脑培训等。

针对性是指所有的培训项目都能针对每一个员工的长处和有待改善的地方，是配合业务的需求来设计的，也会综合考虑员工的职业兴趣、工作的需要与未来的规划。

由于员工的能力有强有弱、工作需要各不相同，宝洁公司会提供不同的培训。根据每个员工的特点，宝洁公司为他们提供独具特色的培训计划和极具针对性的个人发展计划，充分激发每个员工的最大潜能。

管理者在组织培训时选择什么样的培训方式非常重要，会直接影响到培训的效果。对新生代员工不能简单地采取填鸭式、灌输式培训方式，切忌洗脑型培训，因为他们对此很反感。他们会本能地抵触这种培训，后期参加培训的积极性也将大为降低。

那么，如何针对不同类型的培训，选用不同的培训方式呢？

1. 举办由员工和管理者共同参加的课程和讲座。

2. 管理者用自己的亲身经历指导和培训员工。

3. 鼓励员工积极争取各种专业协会的会员资格。

4. 邀请组织其他部门各级人员与另一个部门的员工聚会，请他们谈谈需要被给予哪些支持与合作，同时鼓励他们邀请对方的人去访问他们的部门。

5. 邀请本组织其他部门工作人员或用户公司或供应方公司的人员到你所在的部门工作一段时间。

6. 进行新员工训练，即对新员工进行多方面实际训练，目的在于强调实际安全和掌握知识、技术。

除此之外，还有一些值得借鉴的方法，如阅读材料，即让受训人阅读一些有关的材料。如案例讨论，以小组形式进行案例分析讨论。如举办会议或讲座，组织小组对某些专门问题进行讨论，请专人讲述有关题材方面的内容。

总之，对新生代员工的培育要有系统性，要有目标，有计划，有针对性。根据他们的需求去实施培育才是最好的培训方式。

4. 帮助新生代员工做好职业生涯规划

职业生涯规划又叫职业规划、生涯规划或职业生涯设计，是指在对个人职业选择的主观和客观因素进行分析和测定的基础上确定个人的奋斗目标，并促使其努力实现这一目标的过程。换句话说，职业生涯规划要求根据自身的兴趣、特点，将自己定位在一个最能发挥自己长处的位置，选择最适合自己能力发挥的事业。新生代员工都比较年轻，并且多处于职业发展的上升阶段，对事业有拼搏和奋斗的激情；而且他们自身专业素质好、办公能力强，具备很大的发展潜力。相较于非新生代员工，他们在工作上求新求变、敢于创新，更希望在竞争激烈的环境中发挥个人优势、挖掘自我潜能，成就一番事业；但是同时，他们的心理承受能力较弱、心理素质较差，遇到逆境和挫折时容易产生心理压力和焦虑。职业生涯规划既可以帮助新生代员工缓解由于职业的不确定性所产生的焦虑感，并为员工追求事业成功提供方向指导，督促员工不断学习进步，进而实现自我超越；又可以增强员工对组织的认同感和归属感，进而提高忠诚度。

在未迈入工业化时代前，我国职业种类很少，工作内容也相对简单，技术含量低，常常是"子承父业"。父母的衣钵通常会传授给子女，或者是学徒

跟师傅学习，学好后就可以开始工作，因此并不会产生各种择业的问题。产业革命后，工业科技发展迅速，机器、技术日益更新，生产力得到极大的提升，生产过程也变得复杂，产品种类增多、生产量大幅提高，行业种类增多，职业也变得复杂多样，更趋于专业化、细分化。

职业种类越来越丰富，职业内涵也日益多元，新生代员工很难全部掌握所有的职业分类，其亲友也可能缺乏职业生涯规划知识，难以帮助其选择合适的职业。所以辅导新生代员工选择适合自己职业的重任有时还需要管理者承担。职业生涯规划关乎他们的事业成败，乃至其一生的幸福。择业合适不仅对个人发展极为有利，对社会也极为有利，可以平衡社会的人力供需。

那么，组织应如何帮助员工做好职业生涯规划呢？

1. 帮助员工进行自我了解和评价

员工有对自我的了解和评价，是做好员工职业生涯规划的前提，也是客观、全面、深入地了解自我的一个途径。因为职业生涯规划应该是由员工自己决定，由员工的自身职业特质决定的。做职业生涯规划，起决定性作用的因素是员工的爱好和特长，这些促使他们找到正确的职业方向，如果员工还不能确定或者根本不知道自己的爱好与特长，就无法明确自己的职业方向。

在员工发现了自己的爱好和特长、明确了职业方向后，职业生涯规划内容才算真正开始。职业生涯规划应该充分体现自我优势，使员工发挥自我优势，这些由员工的自身优势来保证，否则，职业生涯规划就失去了意义。

通过自我了解和评价，有助于员工思考他当前处于职业生涯的哪一个位置上，制定出职业计划，还可以帮助他评估个人的职业发展规划与他当前所处的环境以及可能获得的资源是否匹配。在这个过程中，企业管理者要为员工的自我了解和评价提供绩效信息和指导，判断员工的优势、劣势、兴趣和价值观，与员工共同将目前的技能、兴趣与其期望获得的工作职位要求进行比较，确定职业规划方向。

2. 组织对员工进行评价与共同探讨

员工获得组织对于他们的技能和知识水平所做出的评价以及他们是否与组织的规划(如潜在的晋升机会和横向流动的可能)相符合的信息。通常情况下，这些信息由员工的上级管理者将其作为绩效评价的一部分反馈给员工。这一阶段是管理者与员工进行互动的阶段，管理者就员工的绩效结果与员工一起分析员工的潜能，确定员工的开发需求中哪些需求具有现实性，对员工的绩效改善共同进行探讨，并就员工的职业计划与组织长期发展计划的相互匹配性与员工交流，促进员工对自我定位的进一步明确。

组织应当积极地协助员工，与其共同发现他们的爱好和特长。可以采用与员工进行正式和非正式交流的形式，予以了解，同时也可从员工在工作中处理不同工作内容的态度与工作结果中发现，最主要的还是诱导员工积极主动地发现自己的生理、心理特点与兴趣爱好和特长。

3. 设定具体的职业目标

在双方对以上两方面内容进行明确之后，下一步就是设立更加具体的职业目标。这些目标通常是与期望的职位、应用的技能水平、工作内容的设定或者技能的获得联系在一起的。就个人职业生涯而言，由于个人的兴趣、能力大小和价值观以及工作环境的变化会导致员工的职业情况发生变动，因此目标设定可以多层次、多阶段进行，这也有助于增加挑战性，促使员工不断学习，并不断发展新的技能，获得心理上的成就感。一个雄伟远大的目标很少能一气呵成地完成，必须分解成阶段性的、易达到的具体目标。对于这些目标，通常都要与上级管理人员进行探讨，并加入员工的职业生涯规划中去，确保目标是富有挑战性且可实现的。

4. 制定行动规划

目标的实现是通过各种积极的具体行动去达成的，在这一阶段将决定如何达到员工的短期和长期职业目标。员工制定具体执行步骤和时间表，参加组织的培训和发展计划，构建开发性人际关系网，接受正规教育或进行工作轮换等。组织则确定员工在达成与组织规划一致的职业目标时所需要的资源，为员工选择恰当的开发方法或开发方法的组合（例如：参加研讨会、获得更多评价和获取新的工作经验等）。

5. 及时沟通、反馈与修正

对新生代员工而言，自我认知很难一下子达到客观、全面，他们往往工作一段时间后才发现自我定位和职业目标方向与职业设想不符。这与新生代员工由于年轻而思想不够成熟有关，也与组织所处的环境有关。组织处在一个外部环境瞬息万变的竞争时代，战略规划在不时地调整变化之中，因而决定了组织为员工提供的发展机会和职业路径也要随之发生变化。这就要求组织和员工需要不时地交流沟通，对职业生涯开发系统提供反馈与进行修正，以满足两者的共同期望。

通过以上措施，基本可以达到组织人力资源需求与个人生涯需求之间的平衡，使员工能找准定位、以最佳的方式投入工作，建立一个引人、育人、留人的良好机制。

如果管理者自己并不擅长为员工设计适合、准确的职业规划，则可以请求组织内部的老员工、表现优异的新员工或组织外部的专业机构协助或代理执行；也可以找一些专业的职业规划师、心理辅导医生以及其他各个方面的专家帮助和指导你的员工进行职业规划设计。管理者要搞清楚的是，职业规划带给员工的并不是精神上的慰藉和理想上的虚幻，而是看得见、摸得着的、实实在在的，是在组织提供必要的条件和帮助支持下，员工通过自身的努力可以实现的，而不是虚无缥缈的海市蜃楼和空中楼阁一样的存在。

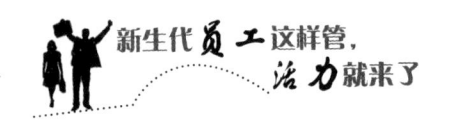

5. 培养新人，为团队注入新的血液

现代组织取得长足发展，很多是得益于重用年轻人。比如说，联想集团 CEO 杨元庆、神州数码公司的总裁郭为等都是在 35 岁之前就被重用，掌握着几亿元甚至几十亿元营业额的调度权。

虽然年轻人没有特别丰富的经验，但他们掌握的知识和资讯并不比那些资历深的长者少。随着科技的不断进步，社会发展越来越快，知识更新周期越来越短，信息沟通方式越来越多样，越来越快捷，这些都给年轻人提供了很好的发展机会。作为组织管理者，应该多发现有能力、善学习、有业绩的年轻人，重用他们，使他们充分发挥优势。

发现年轻人，培养年轻人、重用年轻人，并不等于放弃老员工。作为管理者，一方面要重用年轻人，另一方面也要尊重老员工，一定要正确认识到，老员工在管理中起的作用是举足轻重的。有一个完善的人才结构，形成一个完备的人才梯队，是成为一个优秀组织的基本要求。所以，为了组织的长远、健康发展，就需要把各个年龄段的人才都积极调动起来。组织老员工没有那么强的创新意识，对新鲜事物的接受能力也不如年轻人，但是老员工也有自己的一些优势——他们的工作经验更丰富，办事更稳健，差错较小。只有把年轻人的闯劲和老员工丰富的经验结合起来，才能使公司的人才配置达到最佳状态。

东芝公司总裁土光敏夫曾说："人的工作任务必须在能力之上。"是的，我们应该多给新生代员工肩上压一些"重担子"。"担子"重一点才有挑战性，他们在体力与心智上才能得到更好的锻炼，才能使他们的工作干劲更足，并对上司的信任表示感激。

管理者要想做好新人的培养工作，必须在以下几个方面下功夫：

1. 以身作则

如果管理者能够以身作则，一定会取得非常好的榜样作用。如果管理者本身注重仪表的整洁，工作认真负责，他们的举止会逐渐影响新人，新人可能会经常这样问自己："我这样，达到领导的标准了吗？"其实，作为管理者，你的一举一动都被新人看在眼里，记在心里。所以，以身作则可以说是无言的榜样，是身体力行最好的教育。

2. 乐于分享

每个人都有自己的长处，在工作中都会积累一些属于自己的独特的经验。一般来说，一个人并不会想到主动去告诉别人，除非别人主动来问。或者说，他并不知道这对别人会很有用。对于这样的情况，分享就很有必要。作为组织的管理者，我们应该积极地把自己宝贵的工作经验及知识讲出来，跟大家一起分享，通过讲述能使每个人克服困难的信心都得到极大的增强，

也能增强团队的战斗力。如果可以的话，最好在组织内部营造一个人人乐意输出、分享的氛围。

3．进行机会教育

我们这里所说的教育并不是学生坐在教室里的课堂教育。对新人的教育可以是随时随地进行的，每当问题出现的时候，只要我们抓住时机，就可以进行一次非常好的教育。当新人的工作方案写的不合格时，可以直接告诉他具体怎么修改；当新人与别的部门之间的沟通出现问题时，可以告诉他正确的沟通方式和方法。管理者教育新人一定要讲究方法和策略。现场管理也好，走动式管理也罢，都可以认为是一种好的机会教育，可以抓住一切有可能出现问题的机会进行具体有针对性地教育。而实践教育往往比理论教育更让人印象深刻。

4．帮助员工树立信心、找到勇气

作为管理者，不能指责员工没有信心。可以选择的路只有一条，那就是帮助员工建立信心。不同的员工面对困难，内心的感觉都会不同，每个人采取行动的意愿也会不一样。这个时候，这个当事人需要的是信心和行动的勇气，管理者要做的是鼓励他去做，建议他去尝试，也就是激发他的勇气。让新人得到锻炼和成长是帮助他们树立信心的有效方法。

5．即时激励

有人说，管理就是激励。这是有一定道理的。人的思维无限，人的潜力无限——这是我一贯的主张。激励也是一门艺术，作为领导者，必须懂得如何激励员工，否则管理就会被动。没有无能的员工，只有无能的领导。最近一个企业管理咨询公司的老板告诉我，他公司的员工积极性不高，问我有什么好办法。原来员工的提成是项目回款后，每月15日统一发放。我只提了一个建议：只要收到项目款，提成马上就发。由于激励及时，起到了最大的效果，充分调动了员工的积极性，回款周期相比之前也大大缩短了，当月就取得了不错的业绩。

管理者必须掌握激励员工的方法与技巧，否则就会使管理被动。要想达到最大的激励效果，激励必须及时；如果激励不及时，不如不激励。有的组织制定了很多激励措施，但由于兑现不及时，不但没起到激励作用，反而大大挫伤了员工的积极性。如规定的提成或奖金不按时足量发放等。激励不只是物质上的，一句赞美之话的效果要比100元奖金来得更直接、更动人。管理者可以经常到工作现场去看看，给员工一句夸奖、一句表扬、一个会心的微笑、拍拍员工肩膀表示赞赏等。

所以管理者要注重培养新人，因为这样可以为团队注入新的血液。管理者所要做的就是鼓励和激励新人，让他们了解自己所拥有的宝藏，善加利用，发挥它最大的功效。

第5章 参与管理，提升新生代员工的工作满意度

大部分新生代员工是独生子女，他们大多以自我为中心，具有更强的个体意识，渴望对工作拥有更多的控制权，在工作中追求更高的自由度，重视工作生活平衡。因此，管理者需要调整方式，采用参与式的管理方式，使他们感到自己是组织活动的参与者和主人。这有助于提升他们工作的热情和满意度。

1. 给予新生代员工参与决策制定的机会

当组织中的某项决策公布后，管理者会要求员工尽快去执行、给予落实，并且要求一定保证质量，尽量用最短的时间把工作任务完成好。其实，对于这一决策的含义和重要性，很多员工是根本不理解的，因为他们没有参与决策的过程。他们更不知道自己该怎样才能把工作做好，甚至于很多员工并不认同所做决策的意义和价值，更不用谈什么责任心了。

要知道，管理者一个人的聪明才智是有限的，让新生代员工参与到组织决策中来，让他们为组织的决策提供意见和建议，就能满足他们实现自我价值的欲望，激发他们创造性思维的火花，从而调动起他们对组织、对工作的责任心，并产生工作的动力。

新生代员工大都愿意自己做决定，而不是听命于别人，像木偶那样被摆布，他们希望参与管理。如果新生代员工的建议被尊重和采纳，他们会感到自己也参与了做决定的过程，感知到自己的利益与组织的发展密切相关，而产生强烈的责任感。

一家能源公司的新生代员工说："给予我最大激励的一件事是被邀请参加一个新项目的工作，并且这个项目对整个组织产生了积极的影响，我知道我在这个项目上也能发挥相当有价值的作用。"

通过参与管理，新生代员工可以感受到一种"我不只是一个执行者，更是一个决策者"的成就感，这样他们会把组织的事业当作自己的事业来看待。新生代员工对组织决策的参与度越高，其能力发挥也就会越好，其责任心就越强。这其实不难理解。即使是用同一种方法去做同一件事情，照着别人的指示去做和自己主动想方设法去做，感受是大不相同的。只是完全照着上司的指令去做，员工是不太容易主动的；相反，若是按照自己的想法自发地去做，那么员工不仅会表现出极其浓厚的兴趣，而且也等于让他们处在一种自我实现的状态之中。

某公司刚刚接了一个大订单，所以总经理张先生要到各个部门去转转，他很想去看一看生产分工和计划的工作做得怎么样了。

"我们马上就可以完成这项工作的分工和计划了。"生产部的"90后"员工小马热情地说着。

"等一下，你们已经把工作计划书完成了？"

"你不是要求尽快拟订一份工作计划书吗？"小马不解地问。

"我是让你们做了，但是我怎么能让我的员工在我对此一无所知的情况下自作主张呢？你们为什么不把计划书安排表交过来，让我看看是否通过呢？"张先生皱着眉头说道。

张先生做得对吗？如果这是在好多年前，那么或许张先生做得有些道理。而此时则不然，此时张先生的各部门经理基本上都是"90后"，一线员工更有

"95后""00后"的小生。他仍然想把所有的决策权都抓在自己手里，不懂得利用新生代员工自我管理、自主决策的能力以调动其主动性和创造性。

一定程度上给予新生代员工自主权，可以满足新生代员工获得授权的诉求。把具体事务的决策权交给新生代员工，组织不仅将获得其忠诚，更可能帮助新生代员工尽快成为未来的决策者和管理者。

从另一方面说，新生代员工是组织里具体工作的执行者、操作者，他们往往处于组织的中下层，对组织的许多事情，往往是以旁观者的身份来看待的。因此，他们更容易看清事情的本质特征，而组织里的高层管理人员并不是生产、经营的执行者，往往"不识庐山真面目"，不能够看到组织最真实、最全面的情况。

因此，组织的一些重大决策的制定应该让新生代员工参与进来，而一些具体事务的决策则最好由新生代员工来做。这样，一方面，可以弥补管理者决策的不客观性、不全面，从而增强管理者看问题、做决策的准确性，减少决策的失误率；另一方面，则可以充分地发挥员工的主观能动性，发挥新生代员工的潜能，培养新生代员工在管理和决策方面的技能，并满足新生代员工实现自我价值的需求，让他们产生一种自豪感和成就感，还能为组织培养一批有极强责任心和决策能力的管理者候选的接班人。

2. 全员参与管理

在新生代员工的心里，管理不是几个领导者的事情，而是全员的、全方位的。事实也确实如此，管理无处不在、无时不有。如果我们只是强调单一的管理，或者只是依靠几个能人，很难把管理做好，只有发动全体人员行动起来，上下一心，共同参与组织的管理，形成良好的组织管理氛围，组织的管理效果才会更好。

请试想一下：在一个组织里，如果每个员工都像董事长、总经理那样操心尽力，时刻关切着组织成长，上下心往一处想，劲往一处使，能做到"力出一孔，利出一孔"，这样的组织肯定会成为行业的佼佼者。全员参与式管理就能实现这样的效果，它让员工直接参与各种经营管理活动，使全体员工不仅贡献劳动，而且贡献智慧，直接为组织发展出谋划策，形成强大的凝聚力和向心力。

全员参与管理是让每个人都成为整体的一部分，是一种自由、开放的管理方式。这种管理方式最大的特色就在于，每个决策都是一项共同决策，它既有优点也有缺点。缺点是由于全体人员皆有权参与给出意见，因此决策制定效率不高。优点则是，无论组织当中的哪一位经理或主管缺席都不会影响组织业务的运作。而且，当有突发事件需要紧急处理时，每一个经

理和主管皆能迅速做出决定。它能给员工当家做主之感，从而调动全体员工的积极性，且能使各种管理措施更加合理有效。另一个优点粗看似是缺点，即组织内各个人的职责不甚分明。这种情况下，所犯的错误由全体共同负责，而所取得的胜利也由全体共同分享。这种方式更增强了全体人员的凝聚力和团结力。

世界500强之一的迪斯尼公司鼓励工作人员将自己的想法、意见、建议或创意写在小卡片上，然后将卡片集中挂起来，让更多的员工来发表评论，提出自己的意见和看法。这是迪士尼公司的创始人沃尔特·迪斯尼所创造的征集员工建议的最重要的方法之一。

显然，这种方法比每个员工独自冥思苦想要更有趣、更生动，能更快地解决问题，而且具有整个过程中各个阶段解决问题及产生创意的灵活性。这不仅有助于利用和发挥每个员工的智慧，为组织提供有价值的点子和创意，而且还有利于员工之间的相互交流和学习，以共同提高和进步。这样既调动了员工的积极性和主动性，最大限度地发挥了员工的创造力，又能够及时地修正错误、弥补遗漏，从而避免了后期大量盲目、无效的工作，大大提高了员工的工作效率和整个组织的绩效。

人多力量大，而且，新生代员工的思维活跃，关注点超前，充分发挥他们的优势，不仅能使决策更完备、创意资源更丰富，同时也可以调动他们的积极性，从而为组织创造出更大的价值，我们何乐而不为呢？

实施"集思广益、群策群力"是发掘员工智慧、克服官僚主义、精简机构设置、解决组织问题的有效方法。"集思广益、群策群力"帮助组织创建了一种每个人都积极参与、每个人的想法都被注意、管理者更多的是引导员工而不是控制员工的文化,有利于避免组织中的权力过分集中。

美国的福特汽车公司是集思广益、群策群力、有效运用全体员工智慧的典范。

美国福特汽车公司有"全员参与生产与决策"的制度。它赋予员工参与决策的权利,进而缩短员工与管理者之间的距离,员工的独立性和自主性得到尊重和发挥,积极性也随之高涨。

"全员参与决策制度"的最主要特征是将所有能够下放到基层用于管理的权限全部下放,对员工报以信任态度并不断征求他们的意见。这使管理者无论遇到什么困难,都可以得到职工的广泛支持。那种命令式的家长作风被完全排除。

在福特公司经常可以看到在员工要求下召开越级会议,员工可以直接与高于自己几个级别的管理者进行会谈,表达自己的意见,而管理者会尽快给予解决方案。

"全员参与制度"的另一项重要措施就是向员工公开账目。每位员工都可以就账目问题向管理层提出质疑,并有权获得合理解释。这种职工参与管理制度在某种程度上也缓和了劳资间势不两立的矛盾,改变了管理阶层与工人阶级泾渭分明的局面,大大减轻了企业的内耗。

"全员参与决策制度"的实施激发了员工潜力,为企业带来巨大效益。"参与制"不仅在福特公司,而且在美国许多企业,以至世界各地使用和发展

着,实践证明:一旦劳动者参与管理,生产效率将成倍提高,企业的发展将会获得强大的原动力。

正如管理专家安德鲁·杰克逊说的:"全员参与管理这种做法对员工来说无疑使他们产生了强大凝聚力,它使职工从内心感到公司的盈亏与自身利益息息相关,组织繁荣昌盛就是自己的荣誉,分享成功使他们士气更旺盛,而且也会激起他们奋起直追的信心。"

"让员工参与对他们有直接影响的决策是很重要的,如果你希望部属支持你,你就必须让他们参与进来,而且愈早愈好。"美国女企业家玛丽·凯这样说,她认为让员工参与决策可以得到员工的支持。

让员工参与到组织决策中来,充分调动和开发组织中每一个员工的大脑共同思考决策,从而用多个大脑的思考来替代以往一个人的思考。这样可以实现将员工的个体和组织的整体连接起来。组织可以通过汇集员工的智慧,对一个问题做出更全面的测评,从而使组织变得更加聪明。

如果一个人坐在某一个角落里冥思苦想,即使挖空心思,他的灵感和力量也很容易枯竭;但如果有很多人在一起,尤其是一群有个性、有想法的新生代员工进行集体讨论,让思想的表达在空气中自由飞舞、互相碰撞,智慧则会源源不断地流出来。至于能产生出怎样的结果和效果,则是谁也说不准的,但至少有一点可以肯定,那就是这样绝对会超乎你的想象、出乎你的意料,绝对胜于一个人费心苦想。

但真正实施全员参与管理也不是那么简单的,在组织里具体实施时需要注意以下几个细节：

1. 剔除制度障碍

很多组织制定了大量专门管束员工的规章制度，而且他们甚至认为管理者本身的主要职责就是依据这些管理制度对员工进行严格监督和管制。为了不断地强化这种监督管制，他们还不断地研究和制定各种复杂的考核奖惩制度，并试图通过精准的监督、考核和奖罚真正地达到加强监督管理这一根本目的。这种绩效管理制度显然是不符合人性的，它甚至可能会直接扼杀许多新生代员工正常的工作自主性和劳动积极性。正确的解决方案应该是变"监督和管制"为"辅导和服务"，这样才能真正实现全员参与管理。当然，上面所说的绝对不是否认制度的重要性，而是说不仅要有制度，管理者还应该以更人性化的办法进行管理。

2. 确保信息交流畅通

保证一个组织里的信息交流系统畅通是全员参与管理的先决条件。最上层的经理和部门主管必须将各种重要的商业消息、争议点和关注点及最后的工作安排等迅速、准确、及时地进行传达或者发送给中级和基层的部门主管，随后中级和基层的部门主管也必须对其下级的管理人员传达同样的商业消息。为了确保各种商业信息交流的畅通，组织内管理干部应当努力建立一种相互信任的、和谐的商业工作沟通氛围。一个管理者必须信任他的员工，员工也必须信任管理者；员工之间也必须相互信任，在相互信任的基础上进行融洽的商业信息沟通。

3. 人员办公要相对集中

组织里的员工不能分散在太广的地区，因为即使今日通信器材、工具十分便捷，但最有效的沟通仍然是面对面的交谈。因此，一个组织里的员工办公最好能在同一栋办公大楼内，如若不然至少也要能在同一时间、同一个视频会议空间里同步交谈。

4. 开通员工参与的沟通渠道

一方面，让员工能够将自己的意见或建议及时向有关领导或管理人员反映；另一方面，应及时地将处理结果下达。做到上传和下达均畅通无阻，必要时，组织中应公开征求员工的意见和建议。另外，质量改进课题、预防和纠正课题、消除不合格课题、QC 小组等尽可能多设置一些，让更多的员工参与进来，也可召开相应的主题会议，吸引员工参加。

5. 进行针对性的培训

参与管理的员工必须具有做出好的决策所要求具备的知识和技能。组织里应该提供训练和发展计划，培养员工的知识和技能，以提高水平。培训工作要多层次、全方位地开展，重点是进行管理意识的教育，让员工认识到管理无处不在，时时刻刻留意组织里的各种管理问题，并提出相应的建议。

6. 处理不当的人和事

组织里不可避免地会出现"官僚主义"现象，对出现压抑员工参与管理的人和事应予以纠正和处理。

7. 让员工从"参加"变为"参与"

管理者应不难发现，一部分人仅仅是以旁观者或者看客的心态"参加"各种会议，问到他了，他才发表一些不痛不痒的点评，或者只是说"我没意见""完全同意"之类的话；而另一部分人则通过具体使用智慧和改善行动积极"参与"。对此，管理者应该重视起来，要与那些只"参加"不"参与"的员工进行沟通，积极引导他们参与进来。

8. 以不良管理和管理上的薄弱环节为切入点

不良管理和管理上的薄弱环节往往是强化管理、实行管理创新的焦点和热点，最为广大员工所关注。以此作为切入点和突破口，"大处着眼、小处着手"，能使全员参与管理迅速见效。

3. 让新生代员工决策并负责

优秀团队工作都具有分工明确、目标明确、职责分明等特点，因而具有较强的执行力，而团队员工借助团队精神进行自我管理、互帮互助，约束彼此的工作行为构成一个责任链。

团队中的各种关系都可视为责任的关系。每一个责任看似独立，但都与上、下、左、右等的关联者构建成责任链，如横向岗位间的责任关系，纵向的管理与被管理的关系，所有责任一起构成了环环相扣、互为铺垫、彼此激励的责任链。这条责任链促使团队的每个员工尽力完成自己的工作，执行到位，发挥个人潜能，确保团队处于高效运转状态。

由于责任链的存在，各岗位都彼此关联，任何一个岗位的上下左右都有关联的责任使彼此相互驱动。如果员工不尽责，则责任链就会崩溃，进而影响到整个团队。为了避免因某环节责任缺失而导致责任链断裂，就要求每位员工都要坚守执行责任，认真完成好自己的工作，确保业务的正常运转，从而为组织带来源源不断的动力与效益。

每个人都有自己的工作职责及工作职权，充分授权能使新生代员工感觉到自己可以独立决策，对自己的工作负责，绝不是任人指使。

1926年，松下公司想在金泽开设一家新的公司办事处。松下幸之助将这项工作任务直接交给了一个年仅19岁的年轻人。然后松下把这个年轻人直接找来，对他解释道："这次公司决定在金泽设立一个办事处，我希望你去主持工作。现在你就立刻去金泽，找个合适的工作场所，租下一套房子，设立一个新的公司办事处。你的启动资金我已经为你准备好了，现在可以直接拿去开始进行这项工作了。"

听了松下部长说的这样一番话，这个年轻人非常吃惊。他惊讶地大声说："这么重要的任务，我恐怕不能胜任。我进入公司还不到两年，是个新职员。我年纪还不到20岁，也没有什么经验……"他的紧张使得表情显得有些不安。

可是此时的松下对他还是有一定的信心，以肯定的语气对他说："你没有什么做不到的事，你一定可以通过努力做到。放心，你一定能够努力做到的。"

这个年轻人到了金泽后就立即行动，开始着手新办事处的筹备工作。他每天都把工作进展和其中的具体情况详细写信传递给松下。时间没过多久，筹备工作就全部完成了，于是松下又从大阪先后派去一些职员，顺利地开设了一个新的办事处。

第二年，松下幸之助有事途经金泽，年轻人率领全体下属请董事长去检查工作。为了表示对年轻人的信任，松下幸之助拍着年轻人的肩膀说："我相信你，你只当面向我汇报就可以了。"那位年轻人非常感动，后来办事处的业绩越来越好，年轻人圆满地完成了任务。

松下幸之助回忆这件事时总结说："我一开始就以这种方式建立办事处，竟

然没有一个失败……对人信赖,'权力'才能激励人……我的阵前指挥不是真正站在最前线的阵前指挥,而是坐在社长室做阵前指挥。所以各战线要靠他们的力量去作战,因此反而激发起下属的士气,培养出许多尽职的优秀下属。"

松下幸之助对待新生代员工信任和重用的做法,以及充分授权、让新生代员工承担责任的管理思维和领导智慧仍然适合当下的管理者借鉴到组织中的日常做经营决策时参考。

在现实生活中,领导者并非总是处在作出决定最恰当的位置。他们做出决定必须充分依靠员工提供的信息和建议,这其中就包括新生代员工。所以,更为切实的做法是,尊重员工,让员工做出某些决定,让员工承担一些责任。

这是尊重员工的做法,也是对员工的一种挑战。他们必须对自己的决定负责,而提供建议与做出决定两者是有区别的。有时,你也许只需向员工提供有关资料和信息,然后由他们做出最终的决定,如果你将此视为向员工提供帮助是十分正确的。当员工碰到困难时,向他们提出建议和解决办法是可行的,是否会被他们接受完全取决于他们自己。当员工带着问题走到你身边时,不能一开口就做出决定,因为有时只有员工才能做出决定,尤其是那些在他们工作范围之内的决定。

作为领导者,你只需为员工指引方向,而且这个方向不应在三个星期或三个月内就做出改变。即使出现一些问题,你的员工也应该能像你一样妥善地处理。

让员工使用自己的头脑工作,其前提是你必须充分相信和认可他们。你给予他们的自由空间越大,他们做的事情就越容易成功。当你真诚地信任员工时，如果他们对你安排的某一工作确实无法胜任，他们会主动说出并要求另换一个更合适的人选，这实际上是一种对你负责的做法，这比勉强答应，但最后将事情弄得一团糟强得多，这样的员工更加诚实而有责任感。

在打造团队时，应着重打造"责任共同体"，明确团队员工的责任链，即各岗位、上下级、部门、工序的责任关联，明确每一环节各人的具体职责，确保每位责任处于链条中的员工都清楚其自身的使命。

管理者要让每位团队员工明确自身的职责，包括那些入职不久的新生代员工，并使他们勇于承担责任。同时也要搭建互利互助、协同合作的平台，并让团队员工获得履行职责的成就感。这在一定程度上可促使他们积极主动地去落实任务，帮助减少团队内部责任脱节、推诿扯皮的现象发生，避免团队内部出现责任不明等问题。

让新生代员工明白，履行责任才会迎来发展机会和更大的发展平台。可以说，选择承担责任就意味着选择了一条快速成长的道路。同时还要要求新生代员工有较高的忠诚度和较强的责任心；人品永远是第一位的，要养成在工作中承担责任的习惯，履行职责，认真做事，假以时日，必将会出类拔萃。

在操作方面，怎么让新生代员工自己为自己负责呢？可以从以下几个方面入手。

首先，信任新生代员工的能力。管理者以前可能都是由自己来做出决定，现在要把决策权下放给新生代员工，需要在信任度上有一个大的飞跃。

其次，让新生代员工对他们的决策负责任。承担责任是指对某一项决策

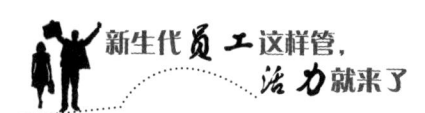

负责，是对决策的结果给予答复，是指在做出决定之前就已经估计到所有可能出现的风险，在决策前要确保有效的咨询、决策后有清晰的交流，是指当出现失利时能大方地接受，并承认。

最后，管理者应该让新生代员工明白要达成什么目标，而不是就如何达到目标过度插手指导。有一些管理者觉得新生代员工太年轻没有经验，于是就不断插手干预，告诉新生代员工在工作中应该怎么做。让新生代员工负责任，是说要让他们清晰地理解应该达成什么目标，然后放手让他们去做，去达到目标，并且为结果负责。

4. 敢于授权，调动积极性

阿德里安·卡德伯里认为："真正的领导者鼓励员工发挥他们的才能，并且不断进步。失败的管理者不给予员工决策的权利，并且奴役员工，不让员工有出头的机会。这个差别很简单，好的领导者帮助员工成长，坏的领导者阻碍员工的成长；好的领导者为他们的员工服务，坏的领导者奴役他们的员工。"这就是说，管理者要管头管脚(指人和资源)，但不能从头管到脚。

授权的目的是调动新生代员工的积极性，让他们更好地完成工作，但并不代表在授权之后就可以放任不管，也不是事事干预，而是要像放风筝一样，员工的能力弱就把风筝线往回收一点，相反，员工的能力特别强就可以把风筝线多放一些。

风筝既要放，又要用线牵。光牵不放，飞不起来；光放不牵，风筝或飞不起来，或飞上天失控并最终栽到地上。只有倚风顺势边放边牵，放牵得当，才能放得高、放得持久。风筝线的韧性足够好，才可能随时将风筝收回，否则，不是放出去了收不回来，就是收回来后就不敢再放出去，则放风筝的乐趣全无。

所以，管理者在下放权力的过程中一定要有足够的控制力，不要超出了

自己的控制范围，使有效授权与有力监控结合起来。

王强是某公司的经理，他很懂得授权的艺术。他知道授权的重要性，并知道如何有效地运用它。他把所有的工作都授权给他人做，自己很少加班加点，更不会把工作带回家去。

他从来没有被公司的问题困扰过。当他被问及成功的秘诀时，王强说："我没有秘诀，一般来说，我授权以后，我会进行跟踪、监控、检查。"

使用及时有效的监控手段是授权后推动各项工作沿着既定的轨道按部就班运行的有力措施。如果缺乏行之有效的监控手段，就容易造成放任自流，最终导致授权流于形式、达不到预期效果或宣告彻底失败。但若控制的范围过大，触角伸得太远，这种控制就会浇灭新生代员工的热情。如何做到既授权又不失控制呢？下面几点颇为重要：

一是授权者要注意激发受权者的责任感和积极性。授权的目的是要下属凭借一定的权力发挥其作用，以实现既定的领导目标。但如果受权者有权不使，或消极使用权力，就不能达到这个目的。因此必须制定奖惩措施，对受权者进行激励或惩罚，将此引入竞争机制。

二是要给受权者明确责任。要使权力与责任紧密联系起来，交代权限范围，防止受权者使用权力过头或不足。不严格规定职责就授予职权往往是管理失当的重要原因。

三是要充分信任受权者。与职务相对应的权力应一次性授予，不能放半截留半截。古人云："任将不明，信将不专，制将不行，使将不能令其功者，君之过也。"管理者给职不给相应的权，实际是对所用之人不尊重、不信任。这样，不仅会使所用之人失去独立负责的责任心，严重挫伤他们的积极性，一旦有人找他们，他们可能就会推说："这件事我决定不了，去找某领导，他说了才算。"

四是授权要注意量体裁衣。要根据受权者能力的大小，特别是潜在能力的大小来决定授职授权，恰到好处地让每个受权者挑上担子快步前进，不要有的喊轻松，有的喊快被压死了。

管理者管人是否得当，要看被管人能否根据所授予的职权在实际工作中恰到好处地行使权力、胜任职务。管理者务必慎重地、认真地对待用人尽职的问题。那些以"辛苦"为荣，以"忙碌"为绩的管理者应少做一些作茧自缚忙自己、包办代替抑人才的傻事，多一些大胆放权的开明之举，集中精力想大事，抓大事。

总之，管理新生代员工既不能太死，也不能太松。居于幕后，既能掌握对下属的统御之权，又不致陷于事务堆里。这样的管理者才是最高明的。授权只是调动新生代员工积极性、提高管理效率的一种手段，而不是目的。因此，尤其要加强授权过程中的管理，努力提高授权的有效性，在实行授权之后，还必须继续加强对各项工作的全面管理，只有这样，才能达到预期的管理效果。

5. 给予新生代员工自主管理的空间

管理者督促下属努力工作，为组织多做贡献，本就是管理者的一个基本职责。但凡事都有个度的问题，特别是现代社会，在人性化管理已深入人心的今天，对新生代员工看得过紧很容易让他们感到自己没有受到尊重，甚至感觉自己只是赚钱的工具，而管理者所得到的也可能是适得其反的结果。

对新生代员工不能采用刻板的管理模式。新型员工最痛恨被束缚，他们更倾向于具有弹性、凸显个人风格的工作方式。对于新生代员工而言，他们具有较强的自主性，不仅不愿受制于人，而且无法忍受上级的遥控指挥，他们更强调工作中的自我引导；他们喜欢按照自己的意愿、方式，自己进行时间和空间的统筹来完成工作任务。这种自我管理方式可以使他们获得自尊，他们的智慧也将得到最大限度的发挥。

新生代员工有时候会把工作跟生活混在一起，管理者应该顺应这种趋势，而不是采取强制的手段进行干预和制止。

新生代员工比较不拘小节、不喜欢约束，是否有平等宽松的工作氛围通常是影响他们是否愿意继续留在组织工作的重要因素之一。

在新生代员工的观念里，自己首先是一个追求自我发展的个体，然后才是一个从事工作、有着明确职业分工的职业人。对于大多数新生代员工来说，工作并非他们生命的全部，并非每个人都像管理者一样，一心只是为了工作，也不是每个人都愿意时时处处受到监督和管制。新生代员工大多希望能有更多的时间考虑个人的发展问题，希望在工作的时间也能补充知识、提高技能，希望能有充足的时间休息、娱乐。这是新生代员工对人性化管理的合理需求。

新生代员工的自我意识较强，组织应该努力让新生代员工自己学会管理自己。因此，管理者在开展工作时，应该适当采取"人性化"的方式、方法，适当宽松一些，而不是主观地以组织意志或管理者意志来约束和限制他们。在实现共同目标的前提下，他们应有更多的个人时间和空间，而不仅仅是靠理性的约束和制度的规定来进行管理。

最有效并能持续不断的控制不是强制性的，而是触发个人内在的自发控制。自发的才是最有效的，好的管理是触发被管理者的自发管理，管理者要激励员工自发地工作。

在联邦快递里，员工可以按照自己的方式行事，不论是主管、快递人员还是客户服务人员，都拥有非常大的工作弹性。联邦快递十分注重调动员工的自主性，其管理者努力为员工创造有极大自主性的工作氛围，也大大提高了组织的竞争力。

旧金山黑森街收发站的高级经理瑞妮在联邦快递一待就是15年，其最主要的原因便是在这里工作可以享有充分的自主权。从她做快递员时起，她就可以自主地安排自己的工作。即使成为高级经理需要负责年收入超过五百万美元

的部门、每天处理 3500 个包裹的业务、管理近 300 名员工，她仍然觉得行事相当独立、自由，只要上司认同她的目标，她就完全可以自行决定如何做事。瑞妮说："我的上司不会对我说'你的工作有问题'或'你的递送路线没有安排好'。我自己有一套独立的训练计划，品管小组和路线安排全由我自己做主。我非常喜欢现在的一切。"

来自第一线的员工也有相似的表示。一位快递员说："我喜欢和人们交谈。喜欢这种与人接触的自由，我认为，在这方面我是专家。"另一位说："如果我做好分内工作，头儿们就会放手不管。我喜欢这样的自由。"即使是货车司机也可以自行决定收件与送件的路线，并和顾客商量特殊的收件方式。在联邦快递，所有的人都有同样的感觉——"工作一点也不会无聊，而且时间过得很快。"

正是这种工作上的自主性使联邦快递飞速发展着，每一个联邦快递的员工都在享受着工作的乐趣。从表面上看，负责协助顾客寻找包裹的追踪员似乎受到较大的限制，但是他们却认为自己工作中最好的部分就是享有很大的自由："我们时常在电话中接触充满焦虑的顾客，但没有工作手册告诉我们应该怎么交谈；公司非常信赖我们。"另一位追踪员也说："虽然公司有七名主管，他们却从不紧盯着我们。主管让我们知道他们的期望，如果我们所做的不符合期望，他们就会说明。不过，主管绝不会实行铁腕手段的管理。"

在联邦快递位于曼菲斯的总部内，行政人员也同样享受着工作自主性带来的乐趣。一名在收款部门服务的员工表示："我只是把工作规则当作参考，保留使用与否的自由，甚至调整为最适合我的指南。"

当然，联邦快递公司也有一些标准来规范员工的工作，例如要求同一路线每公里、每小时应该收取或递送的包裹数。联邦快递十分注重时间和效率，可是从不用秒表计算快递人员递送快件的时间。

在联邦快递，任何人都可以自由选择做管理工作，也可以随时更换职务，条件是只要他可以证明自己能够胜任。联邦快递从不认为把员工死死地摁在某个岗位上就好，相反，他们认为自由和自主才是效率、激情、负责精神等的源泉。

充分尊重员工的工作自主性是联邦快递成功的一大秘诀，这也应该是值得现代组织学习的一种管理方法。在组织里统一目标和共同价值规范的前提下，在沟通、协作、创新、竞争的平台上，允许员工使用自己的工作方法和技巧，这样才能形成员工与组织共同发展、共同成长的双赢局面，才能提高组织的竞争力，并不断发展壮大。

有自觉性才有积极性，无自决权便无主动权。在管理的过程中，我们常常过多地强调了"约束"和"压制"，事实上这样的管理往往适得其反。如果人的积极性未能充分调动起来，规矩越多，管理成本越高。聪明的管理者懂得在"尊重"和"激励"上下功夫，了解员工的需要，然后满足他。只有这样才能使员工产生对组织和自己工作的认同，激发他们的自主控制，从而变消极为积极。真正的管理就是没有管理。

由于新生代员工具有较强的自主性，喜欢自由宽松的工作环境，更倾向于具有弹性、凸显个人风格的工作方式，不愿意拘泥于传统的"朝九晚五"的

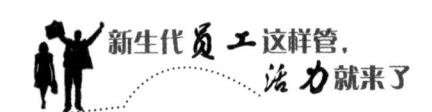

工作方式。而且,他们也讨厌无休止的加班,即使公司给出高额的加班费,他们也不一定愿意。对他们来说,工资诚可贵,自由、时间价更高。

因此,组织需要有更灵活的工作方式来激起他们的工作热情,帮助他们调整出最适合自己的生物钟和作息习惯,保证有充足的休息时间来"降压""解压",让他们的头脑时刻保持高度的清醒。

第6章 顺畅沟通，用新生代员工乐于接受的方式说话

新生代员工日渐成为组织中的主体，许多管理者觉得这些新生代员工最突出的一个特点就是不好沟通。主要原因是双方的思维习惯和语言交流方式不同。要想与他们进行积极有效的沟通，就要了解他们的思维习惯，用他们喜欢的说话方式来交流。

1. 沟通时学会倾听

新生代员工是重视自我的一代，他们注重自己的心声被聆听、自己的建议被采纳、自己的言论得到重视。也许因为工作经验较少、阅历较浅，新生代员工的言论不一定全是正确的，但他们有自己的思维。新生代员工作为互联网的"原住民"，洗脑只会引起他们的反感，在管理中管理者应多聆听、少洗脑，学会倾听，学会沟通，让双方在沟通中了解彼此的想法，为后续开展工作做好准备。

李梅是某文化传媒公司的经理，最近他们公司招聘了一位"90后"员工娜娜。她每天总是很开朗，将笑容带给大家，仿佛不知什么是忧愁。不过最近几天，李梅发现娜娜情绪有些低落，上班时就闷闷不乐地坐在椅子上，谁也不搭理。

一开始，李梅认为这可能是娜娜一时的失落，过段时间就好了，然而娜娜却越来越不搭理人，冷漠如冰，与先前的"活宝"状态截然不同。某天，娜娜竟然跟客户吵起架来，客户投诉到李梅处。

李梅觉得这样下去不是办法，会给她的工作带来严重的干扰，甚至影响到周围其他人，让公司处于一种不和谐的氛围中。她并未直接指责娜娜，而是请娜娜下班后一起吃晚餐。餐桌上两人很平静地对话，直到说起二次元文化时，娜娜的话匣子才被打开，她滔滔不绝地讲了很多。

晚餐后，李梅说："娜娜，最近工作很辛苦吧。要学会照顾好自己，看你最近心情好像很差，要不要休息一段时间？"然后眼含关怀之情望着娜娜。

娜娜告诉了李梅心情不佳的原因，是其与相爱五年的男友分手了。两人大学时恋爱，感情很深，没想到毕业才一年多就分道扬镳了。娜娜是个重感情的人，此次分手对她打击很大，她一下子很难接受。几天来，情绪几乎到了失控的边缘。

在娜娜讲述的过程中，李梅一直安静地听，并没有打断娜娜，听完后给了娜娜一个拥抱，娜娜一下子哭了出来，而李梅无言地拍着她的肩膀。这让娜娜很受用，虽然李梅什么都没说，但在哭诉过后，娜娜感觉自己已经好了很多。而此时李梅提议娜娜请假休息几天，看看美景，放松下心情，调整下情绪，早点走出感情的低谷，做回那个让大家快乐的开心果。

休息调整之后，娜娜很快走出了感情阴影，且以非常干练的形象出现在公司里，对待工作兢兢业业、力求完美。这一方面是因为她的责任心驱使；另一方面则是由于李梅的积极倾听给予了她发泄的机会，她对此心怀感激，因此在工作中热情迸发、积极主动，很快成长为公司的优秀员工。

倾听是与员工进行良好沟通的有效手段。作为伴随互联网发展而长大的一代，新生代员工的见识水平不一定比不过管理者，而且新生代员工在某些方面可能更占据优势。沟通并不代表要多说话，像李梅这样认真倾听，然后表达关心与给出建议，帮助娜娜快速走出了感情挫折的低谷。如此一来，娜娜状态

变好，能够按质保量地完成工作，是李梅管理到位的表现。

如果管理者善于倾听新生代员工的心声，在能力范围内帮助他们，认真听他们讲话，那么他们将获得更大的工作驱动力，其工作效率会大幅提升。

人有种共性，即易受到现场氛围的影响。在沟通过程中，如果对方善于倾听、懂得情感回应，自己会感到被尊重、被重视。很多时候，员工对管理者不满并非由于工作辛苦，而是觉得自己的意见、反馈得不到重视，而管理者多聆听就可化解这种不满情绪。通常而言，员工将心里的想法说出来后，心情就会顺畅很多。员工也许说得不全对，但总有他的道理，有时候因为双方的立场、出发点不同，但又不能通过沟通被知晓，往往导致误会丛生。

善于倾听的管理者较易获得员工的信任，拉近与员工之间的距离，促使员工敞开心扉，使双方坦诚交流。管理者可由此而知员工的想法与看法，可有针对性地采取措施，最大化发挥员工的潜力，更好地完成管理任务。

很多时候，新生代员工并不是要听取建议，更多的只是想倾诉一下。管理者要善于做一个倾听的高手，"多聆听少洗脑"，同时也要及时给予反馈，以便鼓舞员工讲述更多的内容，从中获得更多有用信息，避免因管理工作的盲目而导致出现偏差。

最善于与新生代员工沟通的管理者通常也是最佳的倾听者，而且，往往是最善于倾听不同声音的人。

那么，我们如何培养自己的倾听能力呢？一定要注意以下几点：

一是切忌无任何面部表情。其实想要成为一个有效的倾听者，管理者首先还是应通过自己的身体语言等来充分表明对员工谈话的主要内容的强烈倾听兴趣。肯定性的点头、适宜的面部表情并辅之以恰当的目光接触，无疑都可以充分显示你正在用心地进行倾听。

二是切忌做出不耐烦的行为。比如看智能手机、翻电子报纸、玩平板电脑等都可能让他感觉你对他的讲话不感兴趣，不是十分关注。

三忌盛气凌人。我们通常可以通过各种不同的面部表情和各种不同的身体姿势表现出开放的交流沟通态度。不宜同时交叉两条腿坐；必要时可使上身微微地向前倾，面对对方；去掉双方之间的任何外部阻隔物。

四忌随意打断员工的谈话。在一个员工尚未说完之前，尽量不要随便插话。在员工进行思考时，先不要过于臆测发表见解。仔细观察、倾听，让你的员工把话说完再开始发言。

五忌少问多讲。很多管理者迷信发号施令，他们很难实现从上司到"帮助者""伙伴"的角色转换。管理者在与员工进行沟通时要遵循80/20法则：80%的时间留给员工，20%的时间留给自己，而自己在这20%的时间内又用80%的时间发问，20%的时间才用来"指导""建议""发号施令"。因为，员工往往要比管理者更加了解自己在本职工作中所存在的实际问题。换句话说，要正确引导员工自己认真地思考和努力地解决实际问题，自己客观地评价工作进展，而不是发号施令、居高临下地直接告诉员工应该怎样做。

六忌用"你"沟通。在沟通中，多使用"我们"，少用"你"，例如可以说："我们如何解决这个问题？""我们的这个任务进展到什么程度了？"

七忌笼统地进行反馈。管理者应针对每个员工的具体工作行为或相关事实情况进行反馈，避免空泛式的陈述。比如："你的工作态度很不好"或是"你的出色工作给大家留下了深刻印象"。模糊笼统的反馈不仅达不到良好的沟通引导效果，反而易导致许多员工心中产生一种不确定感。

八忌只针对人不针对事。当一些新生代员工做出某种错误或不恰当的事情时，应尽量避免用带有某种负面评价暗示性质的词语表达，例如："没能力""做事不行"等，而应当如实陈述已经发生的事及自己对该事的具体感觉。

九忌指手画脚地训导。当新生代员工工作绩效不佳时，应尽量避免对他说"你应该……而不应该……"。这样的话语容易使新生代员工感受到地位不平等，可以把话换成"我当时是这样做的……"

十忌"泼冷水"。当新生代员工犯了错误后，最好等其冷静后再进行谈话，避免"雪上加霜"，也避免泼冷水。如果员工做了一件好事则应及时表扬和鼓励。

避开以上所述的禁忌，耐心地倾听新生代员工的心声，只在接触的一刹那，你与员工的心就已开始靠近。不久，作为管理者的你与新生代员工们的关系也将日益密切起来。这不仅会使你获得事业的成功，也会帮助你收获人际互动中的幸福感。

2. 消除和新生代员工沟通的障碍

如今很多企业中，新生代员工成了中坚力量。他们个个有思想、有活力、有主见，又不乏挑战和叛逆精神，一般不轻易接受他人的观点。所以，在发生观念冲突时，不知如何和新生代年轻人沟通思想、达成共识是很多管理者的一大心病。

郝洁是一位刚毕业的大学生，大学时学的是人力资源管理专业。在大学四年里，郝洁收获了很多，她不仅学习了专业的人力资源管理知识，而且还掌握了一些人际交往技巧。由于自身这种优势，郝洁在众多的竞争者中脱颖而出，顺利地进入了一家贸易公司。郝洁之所以选择这家公司，是因为该公司规模适中，发展速度较快，发展前景也不错，更重要的是该公司的人力资源管理工作还处于尝试阶段，而郝洁的加入则意味着她将是该公司负责人力资源工作的第一人。这对她来说是一个施展才华的好机会。

可是郝洁工作了一个月后，就遇到了麻烦。她选择的这个企业是一个典型的家族型企业，很多员工都是亲属关系，她在大学学的那些人力资源管理理论在这里根本不起作用。老板认为，业绩就是一切，其他的都是可有可无的。

郝洁发现了这点后，她感觉自己发挥的机会来了，于是就写了一份建议书打算给经理看。

"孙经理，我来公司有一个月了，有一些想法想和你谈谈，不知你现在方便吗？"郝洁拿着建议书走到经理的办公室。

"哎呀，本来早就要和你谈谈了，只是这段时间忙着见客户就把这事给耽误了。"孙经理一边示意郝洁坐下，一边解释道。

"孙经理，我觉得一个正在上升期的公司如果想继续健康发展下去，必须在制度管理上多下功夫。我来公司已经有一个月了，根据我平时的观察和了解，我认为公司在管理上存在一些问题，比如职责权限界定不清；员工的自主权太窄，致使他们觉得公司不信任；员工酬薪结构和高低的设计规定随意性强……"就这样，郝洁把公司的一些管理问题一一地罗列出来。

"你说的这些问题公司确实存在，但公司目前在赢利就说明现行的制度有其合理性。"

"可是，眼前看似发展并不等于将来也可以发展……"郝洁还没说完，就被孙经理打断了。

"好了，你有方案吗？"孙经理边问边盯着电脑屏幕上的业绩报告看。

"目前还没有，这些只是初步的想法，如果能得到您的支持，我想方案的出台只是时间问题。"郝洁回答道。

"那你先回去做方案，先把资料放这儿，我先看看，到时答复你。"说完，孙经理的注意力又回到业绩报告上了。

走出孙经理的办公室，郝洁心里一种不被认可的失落感油然而生，没想到第一次提建议就是这样的结局。

一个星期后，孙经理似乎不记得建议书的事了。郝洁再度陷入困惑之中，她不知自己是应该继续和经理沟通，还是另谋高就。

郝洁作为新生代员工的代表之一，其身上有着这一代人的共同特点，那就是自主感强，渴望拥有自由发挥的空间，不甘心安于现状不进步，急于把所学用到实践中。在本次沟通中，郝洁满腔热情想把自己的所学应用到实践中去，从而获得成就感和价值认同感。她认为，即使孙经理不认同自己的观点和想法，也要跟自己说清楚为什么不认同，最起码自己的做法和精神应该得到他的肯定。而孙经理则可能更希望郝洁在了解公司实际情况后，在不触及家族员工利益关系的前提下针对公司的管理问题提出具体可行的解决方案。由此可以看出，本次沟通出现了障碍，是一次失败的沟通。失败的主要原因之一是双方都没有明确对方的沟通目标，从而导致相互传递了不合适的信息。如郝洁提出的"管理对家族企业的发展很重要，公司中职责权限界定不清"等建议都不是孙经理想要的，而孙经理则忽视了郝洁期望获得及时反馈和认可的需求，不但没有对郝洁的建议给予评价，反而有些不耐烦，并且很快强制性地中断了谈话，后来也没有做出其他反馈。

有调查显示，新生代员工并非不愿意与人沟通，相反，他们非常渴望与管

层进行更多的沟通和交流。那么，除了彼此沟通目标不明确，上下级之间的沟通究竟还存在着什么障碍呢？

1. 位置不平等

在与下属沟通的过程中，有些管理者有时会表现得高高在上，并未给予新生代员工应有的尊重和话语权。而有一些管理者认为新生代员工身上有很多毛病和问题，自己就是帮助他们解决的"医生"。这时候，管理者和新生代员工就形成了一种不平等的沟通关系，甚至变成一种简单的"指示"与"服从"的关系。在这样一个不平等的关系中根本无法进行顺畅的沟通，也不能解决什么实际问题，甚至会产生更多的麻烦，使沟通无法顺利进行。

2. 不说服、光说教

一些管理者在做新生代员工的思想工作时往往都是居高临下，带着训斥的口吻说话。他们并不认为做新生代员工的思想工作会有多难，会觉得不就是给他们讲道理吗？我讲的道理都是经过几十年实践检验的，他们哪有什么理由不按此去做？于是，他们往往是以一个"教父"的身份出现在那些年轻人的面前，不是耐心地进行说服引导，真正帮其把思想疙瘩解开，而只是高高在上地进行简单甚至粗暴的说教。认为只要说了就等于听了，听了也就等于解决问题了。即使出现与自己所愿相反的结果，也不认为是说教者的问题，而是这些年轻人太不懂事、把过来人说的话当耳旁风。这样的灌输只能让新生代员工反感、抵触。

3. 说老词、唱老调

新生代员工最怕领导讲大道理，搬出古代名人那些故事，而他们所讲的都不是发生在这些"90后""00后"身边的故事，受生活环境、知识结构的影响，他们无法全部接受这些道理、思想与观点。作为管理者，如果不能很好地深入实际、融入年轻人的生活当中，深入了解他们和他们周围人们的所思、所想、所盼，而是凭经验、想当然，完全用自己的老眼光、老观念进行沟通，对他们的行为指手画脚，必然会碰壁。和新生代员工说老词、唱老调，不但白费口水，还会让人感到自己是个跟不上时代的落后者，从而有损威信。所以，在与新生代员工沟通时，管理者要仔细揣摩新的内容与表达方式，比如进行相应的包装改良。就好比"艰苦奋斗"这个老掉牙的词，换成"为了理想""尽心尽兴"等，便可顿时散发其魔力。

4. 讲大话，不重视实际情况

与新生代员工沟通，管理者说的话要简洁明确。否则，云里雾里地说了很多，却如隔了千山万水般遥不可及，一般新生代员工并不会有耐心去听。比如：要解决员工工作效率的问题，单纯讲为组织做出贡献的大道理，员工一般不会买账，但如果你说其绩效会因效率提升而会有很大的不同，那效果就不一般了。这就要全面了解他的8小时之内和8小时之外的生活再进行教导、劝说。如果是生活上的后顾之忧，那么就要想办法解决；如果是关系上的矛盾交织，那么就要想办法做多方的工作加以化解。管理者如果能做到引导新生代员工排

除干扰，让新生代员工把更多能量聚焦在工作上，那员工一定会为组织带来更多效益。

5. 问题对象不明确

沟通要讲究具有针对性。如果问题对象不明确，胡乱打击一大片，不但解决不了问题，还会扰乱全局。譬如领导发现某一个不良现象，应该进行跟踪调查，看这种现象发生的概率和范围有多大，集中在哪里。然后找对人、对症下药才会立竿见影。如果只是个别现象，就不应该拿到会上大说特说，把所有人都牵扯进去，搞得大家都不愉快，甚至让很多人的自尊心受到打击。

6. 沟通渠道方面有障碍

沟通渠道方面有问题也会影响到与新生代员工沟通的效果。沟通渠道方面主要有以下几个方面问题：

一是所选择沟通方式不正确。比如，对于一些重要的事情，不应该采取口头传达的方式。这样很容易造成"口说无凭"，对方也会觉得是"随便说说"，导致重视度不够。什么时候用正式方式沟通，什么时候选择用非正式方式沟通，是决定管理者能否和新生代员工顺畅沟通的一个重要问题。

二是沟通媒介单一。有的管理者与员工沟通主要是通过开会进行，很少单独谈话，更喜欢采用新生代员工经常用的 E-mail、微信、QQ、钉钉、企业微信等网络媒介工具即时沟通和即时反馈。这可能会让管理者与新生代员工距离越来越远。

三是沟通的环节过多。组织机构庞大，内部层次多，从最高层传递信息到最下层，从最下层汇总情况到最高层，中间环节太多，容易损失很多信息。新生代员工表达了一个观点或建议，需求得到即时反馈，所以很多时候更喜欢反馈给有决策权的管理者。经过太多层级的传递和遥遥无期的反馈，会让新生代员工觉得这些形式主义的行为浪费时间，那就根本就没必要反馈，会让组织损失大量有价值的一手信息和价值建议，从而限制了新生代员工的创新，挫伤积极性，使组织无法及时得到有用的建议。

如此看来，不是新生代员工不能沟通、不好沟通，而可能是管理者没有做到及时清除沟通中的障碍。不少人并没有掌握与新生代沟通的方式，又不能理性地检讨自己的不足，一旦在沟通上出现问题，就总是把责任推到年轻人身上，并给他们扣上"不懂事""不好管"之类的帽子。殊不知，问题的症结可能并不在那些"不懂事"的年轻人身上，而在那些自以为是的管理者身上。

3. 建立完善的沟通渠道

新生代员工生长在网络时代，他们往往更依赖于通信工具。管理者如果不善于利用 E-mail、微信、QQ、钉钉、企业微信等通信工具，便会失去了解、理解他们的很多机会。

与传统的沟通方式相比，新生代员工更喜欢用通信工具进行沟通交流，丰富的沟通工具有利于他们选择、使用。这样沟通起来会更顺畅，没有任何障碍；另外，利用通信工具交流可以打通时空阻隔，减少很多顾虑和不便。组织日常管理沟通应该顺应这种趋势，把通信工具的使用适当地引入其中。

比尔·盖茨在微软公司内部通过网络和员工联络，打破了管理上的层级之分的弊端，减少、避免了多层管理带来的问题。企业的管理者将自己的想法贯穿始终，使公司营运的计划得以实施，通过网络及时了解和掌握企业内部的情况并进行决策。

借助先进的网络模式，比尔·盖茨将公司员工按各个项目分成许多不同的"工作小组"。微软公司内部各个不同的操作系统与应用程序交给不同的"工作小组"负责开发，以便能够让工作人员发挥其创造力，设计出最佳产品。

微软公司的这种企业文化，使企业得以灵活应对变化中的市场，而不远离消费者。通过网络连接，员工能够及时了解企业的经营理念，领会上级意图，明确责权赏罚，避免推卸责任，打消"混日子"的想法，而这一点对于以"工作小组"为运作核心的微软公司而言，是非常重要的。

比尔·盖茨不止一次提到电子邮件用起来极为方便。利用网络，他可直接与员工讨论工作问题，及时指出员工的工作失误，帮助员工及时改正；限定期限，形成高级系统，保持高效运作。员工利用网络办公，不需要和公司的管理人员直接见面，可以在任何时间、任何地点就某项工作展开讨论，大大提高了工作效率。

在比尔·盖茨的日常工作中，一条电子信息通常只是一两句并不诙谐的话语。也许比尔·盖茨将向三四个人传送此类信息："让我们取消星期一上午9点的会议，每个人用这段时间来准备星期二的会谈。怎么样？"对此，往往能得到很简洁的回答：好的。

数字化时代崛起的字节跳动就自行开发了内部沟通的工具"飞书"，给庞大的组织建立了顺畅的内部沟通渠道，让多人协作、多团队协作、跨部门协作都能及时地同步和交流，大大提升了组织的工作效率，也极大程度上减少了管理者的工作量。当下大多组织都启用了数字化的OA系统，譬如：钉钉、企业微信等，这些数字化的工具很好地为组织建立了顺畅的沟通渠道，使得组织中每个人都可以平等高效地与他人互通有无，极大地提升组织内的沟通效率。

一个聪明的管理者应该懂得如何创造员工交流沟通的机会和渠道，而不只是被动地等待。

随着社会的发展、科技的进步，电话、网络使用的普及使管理者可以随时与任何一个员工保持联络。利用通信工具进行沟通不仅可以是一对一的，也可以是一对多的，甚至是多对多的。对于组织来说，可以尝试着建立内部小型的社会化网络平台，让员工能够就大家共同关注的某一个问题展开讨论，由管理层收集大家的意见，制定出一个能够反映大家的心声、符合大家要求的组织政策。

很多管理者并不是不明白沟通的重要性，也有意识地和新生代员工交流了，但却没有取得多大的效果，这是为什么呢？一个重要的原因就是他们的组织里并没有形成沟通的机制和体系，平时的沟通只是零散和随机的。

建立完善的沟通机制是有效沟通的关键。把与员工交流沟通系统化，并纳入日常管理中去，才能达到理想的效果。下面浅析一下建立组织内部沟通机制的途径和方法。

1. 沟通要制度化、规范化

一个组织内部需要有一个信息沟通的基本规范，也就是说用什么样的方式，什么样的信息格式，什么样的语言表达需要有一个沟通规范，这样就不会因不同的信息表达方式的差异而产生误解。其中，合理化建议方式就需要形成一种沟通制度，让其发展成为一种制度化、规范化的整个组织内部信息沟通的表达方式，使新生代员工能够直接参与组织管理，能够下情上达，与上层管理者之间保持真实的信息沟通；使整个组织内部的各种意见、建议能以公开、肯定的沟通形式表达出来；使其具有"保险阀"的功能，提高整个组织内部信息沟通的实际管理水平。员工对组织内部有任何的意见、建议，还可通过写电子邮件和即时通信工具留言的两种方式来反馈。如果把合理化建议等各种活动进行规范，并形成一种沟通制度，非常有利于组织内部文化体系的建设。

2. 沟通要信息化

现代组织的内部信息化发展要求其内部的信息沟通也需要逐步实现信息化。因为组织内部信息化不仅能有效加强组织内部的人际沟通与信息交流，提高组织办事效率，还有利于组织营造一个富有青春活力的组织内部文化。通过内部网络信息办公，能有效加强组织内部基层员工之间、部门与部门之间、决策管理者与组织基层员工之间的信息沟通，提高组织整体工作效率，同时也为鼓励新生代员工积极参与到组织日常经营管理工作中去开辟了畅通的交流渠道，更能够有效节约办公成本，提高组织的劳动生产率，使组织内部整体运营管理效率大幅提高。

3. 沟通要具有双向性

组织里的人际沟通必须始终是双向的，也就是说一个信号的沟通是自上而下然后自下而上的，或者自左而右然后自右而左的。这样可以有效保证组织里人际沟通的正向性和准确性。但很多组织只注重自上而下的组织人际沟通，忽视了自下而上的人际沟通。这种组织的人际沟通只是单向的，只偏重于其组织高层领导发出的命令，这样就很有可能会导致组织内部的沟通信号被误解，

造成组织里人际沟通障碍。因此，组织的内部人际沟通中必须始终坚持双向性的沟通原则，尤其是需要高度重视自下而上的沟通。双向性的沟通原则就是彻底消除组织内部上下层之间的沟通疑虑，设身处地，从组织里团队和个人的共同利益关系角度考虑，寻求两者之间共同利益的一个基本平衡点，营造一种上下合作的双赢的组织沟通氛围。以此为主要工作目的，重视自下而上的组织人际沟通，共同努力营造出一种民主、进取、合作的交流沟通氛围。

无论组织具体的规模是大还是小，只要充分交流沟通，不但可以有效降低组织管理新生代员工过程中的阻力，而且还能实现组织管理的重大变革。现代组织应积极搭建多渠道的双向交流沟通机制，通过多种交流渠道和各种活动形式持续向所有新生代员工传达组织里长期倡导的组织文化理念、经营价值理念、发展战略方向等内容，从而不断提升全员凝聚力，共同塑造组织文化和组织价值观。

4. 沟通方式要多样化

组织内部最常见的沟通表达方式主要是各种书面报告和各种口头表达。但由于书面报告最容易让人掉进文山会海当中，失去组织内部沟通的效率；而口头上的表达则容易被个人化的主观自我意识所左右，无法准确传达实际内容。因此，组织内部的沟通表达方式一定要多样化。比如：管理者与新生代员工直接沟通；通过各种例会、交谈、布置工作等方式来沟通；积极开展形式多样的文体生活，丰富员工的业余文化生活；根据组织内部的实际情况，开展类似"沟通面对面"组织文化论坛、组织文化工作坊等活动；积极办好组织内部的刊物或管理好交流论坛空间等。尽量做到让沟通过程中的价值信息沉淀下来，随时可查可见，让交流内容发挥更大作用、价值最大化呈现。

通过以上努力，管理者可以在组织中建立一个有效沟通的体系。这样一来，沟通不再是零散的，也不是随机的，而是在一种常性机制贯穿下进行。

4. 批评也是一种沟通

批评作为管理的手段之一，在实际工作中经常会派上用场。但被批评总让人感觉不舒服，尤其是新生代员工，在步入职场前，他们很少受到生活的打击。管理者必须要了解新生代这一年轻职场群体的特点，思考如何批评新生代员工，才能真正起到作用。

合格的管理者在进行批评时会想方设法降低批评所带来的负面影响，减轻员工对批评的抵触，确保达到批评的目的。因此管理者在批评前要多多思考，冷静认识问题，要对自己与他人的错误有个清醒的认知，明确对方所应承担的责任，同时也要学会从对方的角度出发，多多理解对方。

《西游记》中，孙悟空奉命保护唐僧前往西方取经，在此过程中，佛祖说过三句话：

"你这泼猴，一路以来不辞艰辛保护师父西天取经。"

"这次何故弃师独回花果山，不信不义。"

"去吧，我相信你定能发扬光大，保护师父取得真经。"

三句话有褒有贬，第一句是肯定孙悟空的工作，对其辛苦也有所认可；第二句则是批评，说孙悟空不信不义，这是比较严厉的批评；第三句则是给予其鼓励与希望，相信孙悟空能"发扬光大"，顺便提出了期望，即"保护师傅取得真经"，这样能够激励孙悟空的斗志。这是典型的"三明治式批评法"。

三明治大家很熟悉，上下两片面包，中间夹菜夹肉。"三明治式批评法"指将批评藏在表扬中，具体流程为对某个人先表扬，再批评，然后再表扬，就像三明治那样，将批评"夹"在两层厚厚的表扬中间，并不是一味采用批评的手段。

两层表扬第一层通常是肯定、认可、赏识对方，包括其优点、能力、积极和向上的一面，后一层多是鼓励、期待、提出支持和帮助等；中间一层则直面问题，提出批评。此类批评法通常不会挫伤被批评者的自尊心，也不会打击其积极性，相反会使对方更容易接受批评，改正自己的不足，达到批评的目的。

这种"三明治批评法"有如下三大优势：

1. 消除防卫心理

人都有自我防御的本能，在遇到于己不利的情况时会自动释放，包括面临批评，自己一旦接受不了，就会言辞激烈地反驳。而"三明治式批评法"在批评前会先说一些关怀、赞美的话语，消除对方的心理防御，使其安静、放松下来，然后再进行沟通。如果一开始就批评，员工的防御功能开启，处于防卫状态时就很难听进批评意见，即使管理者说得很对，也是徒劳的。第一层肯定、表扬可谓起到消除防卫的作用，使员工处于轻松状态，较易于接受批评。

2. 解除顾虑

很多管理者会多次批评员工，一而再，再而三，让员工弄不清楚批评何时结束，心情始终处于高度紧张状态，因而顾虑重重、忧心不已。而第三层表扬则能起到消除其顾虑的作用，被批评后，员工精神或多或少会有些沮丧，而此时给予鼓励、表示信任、传达希望、给予支持和帮助，则能帮助其在短时间内快速振作精神，从而有心情去思考管理者的批评之语。

3. 保全颜面

批评只是管理的手段，而并非目的，在于帮助员工纠正错误的行为，因而要格外注意方式，以免激化矛盾。三明治式批评法既能够指出问题所在，也容易让人接受，不伤害对方的感情和自尊心，帮助对方认清问题的关键所在，促使其快速改正。

实践证明，批评的效果在于批评的方法和技巧的使用。唯有讲方法，才能让批评这一强化手段得以发挥良好的作用。下面是一些常见的批评技巧：

1. 方式因不同对象而有所区别

新生代员工个性张扬，性格多种多样。在批评时应根据员工的性格特点等选择便于其接受的批评方式，才能取得理想的效果。

对于性格内向、脾气暴躁、常发牢骚的新生代员工，容易钻牛角尖，可采用商讨式批评方式；

对于性格开朗、外向活泼、谦逊豁达、知错就改的新生代员工，可采用直接式批评，开门见山，直入主题；

对于自尊心强、虚荣心强、依赖心理过重、一根筋的新生代员工，可采用梯次式批评方式，循序渐进、有章有法进行；

对于头脑灵活、反应敏捷、争强好胜、接受能力快的新生代员工，可采用提示性批评，稍微提示，对方就反应过来，也能获得不错的批评效果；

对于员工所犯错误是因为管理者布置的任务难度较高、指导不及时、超出员工的能力等的情况，则可采用自我批评方式，这种方式也间接批评了员工。

当然，批评方式还有很多，如先褒后贬的批评方式、对比的批评方式、"冷处理"式批评方式等。在实际管理中，应结合实际情况，根据批评对象的不同灵活使用批评方式，不能为了图省事而"一招吃天下"。

2. 场合与时机选择要恰当

批评通常在私下场合进行，很少会当众进行。当众批评会增加员工的心理负担，让员工觉得所有人都知道他犯错了，而为其后续工作的开展带来难度。当然，如迫不得已必须在公开场合批评的，应提前做好员工的工作，或者在批评后给员工合理的解释，否则极易给员工留下心理阴影。请记住：公开场合批评应事前透露信息给员工，注意时间差，避免激化矛盾。

如果两位员工关系不好，也不能当着双方的面批评一方，这样会使被批评的员工感觉上司在贬低自己，更易激化两位员工的矛盾。这样也会让员工对

管理者的批评有不公正之感。

批评的时间差问题也要注意，能及时提出批评就要马上提出来；不适于马上批评的则先往后放一放，等过段时间寻找个好的时机再提出来，比如在年度总结、开会时等，或者当员工遇到一些喜事，心情较好时。

选择批评时机仅一个原则，即选择员工能更好地接受批评的时机。另外，管理者尽量不要背后批评，一旦传到对方耳中，则会让对方更加难堪。

3. 有的放矢，对症下药

批评是严肃的，是事关双方的，不能马虎对待。批评不能不痛不痒，要抓住核心问题，掌握问题的实质，有针对性地提出批评。只有批评到点上，员工才会心悦诚服，才会接受。

而想当然的批评与主观臆断的批评、其意不明的批评等都无法说服员工。尤其是对新生代员工，如果批评不能指到关键点上，则无法让他有耐心听完你的表述，他可能会随时怼回来。作为管理者，在批评前应调查事实，探究问题发生的前因后果，并找出问题的本质所在，找出主观因素和客观因素，将事实与问题清楚地摆在对方面前，以事实为依据批评对方，让对方辩无可辩。只要摆事实、讲道理、讲清利害，即使是个性张扬的新生代员工也会承认错误、接受批评。如此方能保证批评时有的放矢，能获得理想的效果。

4. 把握分寸，重在以情理服人

批评既有质的规定，也有量的考察，要想获得最佳的批评效果则要实现质与量的统一。如果批评超过了"度",超出了员工的心理承受能力,批评就会起到反面的效果,也就无法达到批评的目的了。

职场中员工难免会犯一些错误,而要通过批评让他们意识到错误,就要注意采取以他们能够接受的方式进行,及时予以纠正。从心理学角度而言,每个人都有被尊重的需求,希望获得别人的认可、关心与爱护,即使自己在工作中犯下错误也依然是如此。

作为管理者,要有宽广的胸襟,要学会站在员工的角度,设身处地为对方着想,真诚地去了解、关心,用行动换取员工的信任与支持。要明白批评只是帮助员工变得更好的手段,在批评时要有分寸,要"温暖""有感情",要通过批评让员工意识到错误所在,让其明白自己是在帮助他,拉近双方的距离。

5. 聊天是很有效的沟通方式

有效地沟通是做好工作的必要前提，它能够促进组织内部员工的相互理解和默契。作为管理者，能与员工进行顺畅的交流沟通，是领导能力的体现。我们谈到沟通时，就会联想到开会、座谈、学习文件等，但是常常会忽略一种很小却很有效的方式：聊天，即非正式对话。

在非正式对话聊天时，人的精神松弛，更容易接受外来的信息。通过非正式对话聊天，可以随时了解、掌握员工的思想状态，知道他们在想什么，关心什么，准备做些什么。这种形式的沟通不仅有利于工作的开展，也能使管理者得到新生代员工的信任和喜爱。

梁志勇是北京米有校园科技有限公司的运营总裁，他是一位非常善于聊天的领导。在长期的职业生涯中，他赢得了同事们的认可和爱戴。他在日常运营管理过程中，常常会利用午餐时间和员工聊天，聊他们最近的工作收获、生活现状和困难、个人的兴趣爱好等。每个月他至少会与管辖范围内的运营同事做一次聊天沟通，与他们聊业务，聊流程，聊挑战，聊收获，听取他们的建议。一般来说，人们总是喜欢通过闲聊来反映某种情绪和要求，不做言谈的人常对周围的人事变化一无所知。不屑于闲聊的领导会被人冠以"难接近""清高"之类的评价。

梁志勇说米有校园的员工都是平等的，大家平时沟通从来不按职称交流，米有校园的员工从来不会称呼管理者为"领导""经理""总监"，而是直接称呼"勇哥""老大""静姐"等。大家不考虑职位高低，交谈起来可以更放松、更放得开，就跟平时和朋友闲聊一样，没有任何压力，沟通起来更真实、更真诚。社会心理学调查表明，对高手、强人、能人所表现出来的亲切随和，人们格外感兴趣。因为他们出色的工作已经产生了与众不同的影响力，所以人们更希望能与他们在感情上有所沟通，否则就会产生与之相距甚远、不可亲近的想法，逐渐产生隔阂。作为领导，并不是每时每刻都必须考虑工作才算尽心尽职，他应该向新生代员工展示他不同的侧面，如生活情趣、感情特点等。这样，新生代员工才能与他产生共鸣。在这些展示中，闲聊是必不可少的。

值得注意的是，要进行非正式对话聊天，管理者一定要记得一些原则：

1. 对说过的话负责，不自相矛盾

不要轻易遗忘自己对员工所说的话，私下说的话和会上说的话相矛盾时，会使员工认为您作为一个上级领导说话不负责任，你说的很多话员工可能都不再相信了，对您的话就不想再听了，以后您采取的措施或许将起不到应有的作用。

2. 切忌在员工面前说三道四

虽然您千叮咛、万嘱咐，告诉您的员工所聊都是彼此的私下谈话，不要

随意透露出去，但您的保密工作真的能做得这么好吗？为了保险起见，千万不要在张三面前随意表扬张三，贬低李四，尤其是与工作无关的事情，一定要少说，以免让您的员工对您的人品有什么误解，这样的话以后再也不会和你真诚地交流沟通了。

3. 不太过随意，要讲究分寸

和员工私下里进行谈话，只是谈话的时间、场所、方式会有所区别，所要注意的一些事项与在大会上讲话时并没有太大的根本区别。和员工在一起时，没有根据的话一定不能随便乱说，无论是涉及工作管理方面的，还是其他涉及员工个人利益方面的内容。因为您的领导身份特殊，您随便说说的话传入大多数员工的耳朵里都可能有了特殊的含义。

4. 不同场合风格统一

如果私下和员工相处就好像是好朋友、好兄弟，而到了一起工作或者公开场合，又突然之间摆出一副可以拒人于千里之外的傲气姿态，会让员工根本无法准确分辨哪个才是真正的你，会让员工无所适从。所以说无论在公开场合还是私下都需要保持一致的为人处事的风格和作风，平时尽量多融入员工中去，多听听员工的真实感受，哪怕是发发牢骚，新生代员工在你面前发牢骚、提意见，说明他还愿意和你交流、分享。当一个新生代员工不再在你面前发牢骚、提意见了，你该警醒了，这个员工可能已经对你失去了信任。

5.别利用员工的私下谈话

虽然这样的领导为数不多，但也不是没有：他们和张三私下谈话，套出张三对李四的不满，然后又充分利用张三口中说出的李四的缺点去打击李四。这样的领导其实是最拙劣的，他们成功地让员工陷入内讧。

在人格上，领导和员工是平等的。但对于职责和地位，两者的是有区别的。领导应该时刻记住这种区别，和员工私下谈话时不必用官腔，不必太严肃、太正式，但您仍然是领导，有些话当领导不能说的就不要说。

在组织日常经营管理活动中，沟通是一项不可或缺的内容。相互间交流与沟通是一门比较复杂的艺术。营造良好的人际关系，靠的就是有效的人际沟通。准备情况、场合、时机、在场的其他人员、谈话的语气、气氛、双方的表情、情绪乃至眼神、手势等都会对沟通产生较大的影响，只有在实践中不断探索、总结和积累，才能逐步提高。对管理者来说，沟通能力比沟通技能更重要。

第7章 多元激励，点燃新生代员工的工作热情

激励机制能够充分调动员工的工作积极性，尤其是新生代员工，有效的激励能够激发他们的工作潜能和无限的创造力。随着社会的发展，新生代员工的需求愈加多元，管理者必须改变传统的单一化的激励方式，应结合新生代员工的需求，充分利用多种手段来点燃他们的工作热情。

1. 明确需求，进行激励

新生代员工已成为职场不可或缺的力量，且在组织中发挥着越来越重要的作用。相比老一代员工，他们崇尚个性自由，如何通过激励机制激发新生代员工的工作热情就显得至关重要。

杭州萧山的一个姑娘曾在萧山网发帖《9月，我要辞职了》，该帖子在朋友圈疯狂刷屏，引发网友热议。姑娘在帖子里晒出了自己的辞职信，里面罗列了7条辞职理由：

1. 没时间泡仔，看电影还要看好时间，下午场要晚上21:00前到店。

2. 没时间旅游，去个韩国，订好机票，说让退票。

3. 没有加班工资，上班无期限。

4. 别人请假，自己逢年过节要在岗留守。

5. 没有朋友，维护公司利益得罪人，做不到趋炎附势、溜须拍马、左右逢源，没有朋友到连逛个街的人都没有。

6. 没有前途，开业时营业额70多万元，现在只有10万元左右。见证过你的辉煌，也见证了你的衰退。无人管理，无人经营。

7. 不想混日子了，很多员工现在都是混日子，我还没到混日子的年纪，没法安逸。

这7条离职原因总结起来大致是：上班时间紧，没时间交男友；没时间旅游；加班不给加班费；逢年过节要值班；公司内部有矛盾；公司业绩大幅衰退；不想混日子。

通过对杭州女孩裸辞事件的了解，大家对新生代员工想要什么应该有了一个初步印象，那么我们又该如何保留和激励新生代员工呢？

新生代员工是成长于市场经济迅猛发展时代下的新生群体，他们的生理需求和安全需求从小就得到了极大的满足，因此他们更渴望满足归属、自尊和自我实现这些更高层次的需求，具有更强的对工作公平感和职业成就感的追求，向往宽松自由的工作环境。大多数新生代都是独生子女，要么是家里的小皇帝、小公主，从小到大吃穿不愁、备受宠爱；要么孤独留守，从小缺乏父母关怀。这使他们更加以自我为中心，心理素质及心理承受能力相对较差，因此他们既追求工作生活平衡，实现职业长期发展，同时又渴望组织有和谐融洽的氛围，渴望拥有良好的人际关系。此外，新生代员工又是成长于科学技术日新月异、网络和信息技术不断更新发展的新时代背景下的新生群体，他们是天生的网络一代，是互联网原住民，从小就频繁接触互联网，因而具有较高的计算机水平和专业技术能力。新生代员工还出生在全球化挑战愈演愈烈的时代，这使他们拥有更开放的价值观，更独立的人格特质，在工作生活中敢于创新、求新求变。

管理者要明确新生代员工当下的需求是什么，从他们入职的那天起，就要想办法让他们待在能充分发挥才智的岗位上，还要建立富有特点的

员工档案，根据他们的职业生涯规划为其制定相应的激励方案，以满足他们在不同时期的不同需求，进而提高他们对组织的认同感和归属感。

"90后"新生代员工进入职场多年，很多优秀的管理者在多年的摸索中逐渐总结出了一些行之有效的激励方式，其中常用的有：

1. 薪酬激励

薪酬是组织给予员工的一种劳动回报，是组织对员工能力的认可，是个人价值的体现之一。拿到薪酬就会获得一种满足感，薪酬成为员工能力和工作绩效大小的衡量标准。而对新生代员工来说，有了薪酬，才能在自己喜欢的地方自主消费，满足生存需要和投资兴趣爱好，才会让自己有安全感，才有动力在岗位上安心工作，否则员工就会考虑其他薪酬较高的工作。

薪酬影响着员工的积极性和创造力。当薪酬符合员工心理预期时，他会自发自动地工作，想方设法快速完成任务，提高岗位绩效。由于表现优越，他会升职，然后获得更高的薪酬，体会到自身价值实现的满足感和喜悦感，从而更加认真地去完成工作。因此，组织在设计薪酬时，应体现出其激励作用。

2. 目标激励

组织可以采用设置目标的方式来增加新生代员工的动力，引导他们的行为，促使他们将个人目标和组织目标结合起来，激发他们的积极性、主动性，从而提高工作效率和工作质量，及早地完成工作。

当组织的整体目标确立后，管理者需要将组织整体目标进行拆解，落实为各部门、各员工的具体目标，并将员工的个人目标和组织目标挂钩。当个人目标达成，员工可以得到相应的奖励激励；当团队目标或组织目标达成后，达成个人目标的员工还可以得到额外的奖励等。这样员工就不会是只顾自己，只关注自己目标的达成，还会关注组织目标是否能达成。

3. 权力激励

权力激励是指管理者授权给员工，激发员工潜力，提高其工作效率的激励方式。在组织中，新生代员工得到授权后会深感肩负的责任重大，会因获得权力而萌发出自豪感和责任感，从而更加努力地工作，以更大的热情投入到工作中去。可以考虑在基层员工中选人组建战队和小组，每个战队和小组中都可以挑选出队长和组长，队长和组长得到授权，带领大家一起完成目标。

4. 晋升激励

晋升激励是指管理者将员工从低职位提升到高职位，赋予员工高职位的权、责、利的一种激励方式。晋升制度有利于帮助组织选拔人才，也能用来调动新生代员工的积极性，让新生代员工有愿景可以展望，因而更加努力工作。

设置晋升制度就像是将高职位摆在员工面前，告诉员工达到什么条件就可以晋升，激发员工去努力工作，激发员工的潜力，达到激励的目标。

5. 竞争激励

人都有一种争强好胜的心理，竞争激励就是利用这种心理达到激励作用

的方式，属于行为激励法。

管理者在组织内部建立竞争机制，比如设置业绩排名榜、客户好评排名榜等，让新生代员工良性竞争，能更好地调动和激发新生代员工的积极性和争先创优意识，提高组织的活力。对同一个岗位的员工，可以采用阶段性的 PK 模式，每日排名，对连续排名靠前的员工给予"特权卡"的福利，比如：任性早退一小时、无理由不打卡一次、无故迟到一次等。这样能更好地激励员工发挥潜力，做出更佳的绩效。

6. 榜样激励

管理者可以在新生代员工中树立一个榜样，通常是对于做出优秀成绩、在实现目标过程中做法较为先进科学的个人或者集体进行表扬和给予较高的待遇，号召员工向其学习，以达到激励员工的目的。

采用这种激励方法，首先就要树立榜样，然后要广为宣传榜样的先进事迹或者突出成就，并给予榜样较高的评价和丰厚的报酬，让其他员工感到羡慕，增加员工向其学习的动力，从而达到激励效果。

行为科学认为，人的各种需求是由一定的动机引起的，而动机又产生于人们本身存在的需要。个体因素直接影响个体行为的内在动机，是个体工作意愿、工作行为和工作绩效的最直接、最重要的影响因素；另一方面，因为每一代人的成长都具有独特的时代背景和环境，这必然会导致新生代员工和非新生代员工的个体因素存在显著差异，因此针对新生代员工的个体因素对其实行个性化激励措施就显得尤为重要。

2. 薪酬激励是必不可少的

虽然薪酬激励对新生代员工来说已经不是最主要的激励方式了，但毫无疑问，它对吸引和保留新生代员工还是非常重要的手段。新生代员工大都比较现实，只有最基本的生存需求得到了保障，他们才有动力和兴趣把工作做好，其他更高层次的激励方式才有发挥作用的空间。

实际上，很多刚刚进入职场的新生代员工通常会面临或大或小的经济压力，他们通常有着用金钱来证明自己能力与社会地位的强烈心理愿望，经济收入直接影响着他们对工作的满足感。

在你的核心管理工作之中，必须让新生代员工真正感受到自己的价值已经得到了充分的承认。不管你对他们使用多么好听的话语表达感谢，他们最终真心期望的仍然是自己能够得到工作报酬，让自己的价值真正充分地体现出来。

2020年初新冠病毒席卷全球，几乎所有行业和企业都受到了影响，很多传统企业无法继续经营下去而不得不歇业倒闭。笔者所在的公司也面临了同样的挑战，经过深思后决定全面转型使用线上服务模式，经过周密的规划和与员工坦诚地交流后，最终带着员工一起开启了全新的数字化服务模式的尝试。

但此时公司员工由于春节休假加疫情的原因，已经连续四个月居家隔

离未上班，要转型为以线上方式办公和开展业务，对团队磨合方面提出了极大的挑战。笔者很清楚面临这样的情况，必须坚定转型和拥有必胜的信念，全员抱着背水一战的决心才可能带着企业持续发展下去。笔者多次和团队远程会议同步信念和决心，并筹集了百万元天使投资资金，重新启动运营。由于员工（"90后"员工人数占90%）已经连续四个月拿着最低薪酬，还有部分员工零薪酬坚持时，笔者决定在接下来的工作中，对始终坚定地和公司一起面对转型的同事委以重任，给大家发放全额薪酬，实行弹性工作时间制，并提高10%的业绩激励。这一系列决定的做出对于停摆四个多月的公司来说无疑是雪上加霜，公司经营压力巨大。但是，后来的事实证明，笔者的决定是对的，在经过了半年多的发展之后，公司业务较上一年大幅提升，取得了不错的盈利成果，很快便赚取了全部的投资费用。员工2020年度的收益跟上一年相比也都翻倍了，其中两位员工还获得了公司的股权激励，现在公司的全员信心十足，斗志满满，对公司的未来也充满了信心。

团队运行中，诱导和刺激员工使其产生工作积极性的方式有很多种，其中最直接也是最基本的是利用薪酬进行激励。员工工作的直接动因是获得工资收入，以维持其生活保障和提高生活品质。

尽管薪酬激励不是激励新生代员工的唯一手段，也不是最好的办法，但却是一个非常重要、最容易使用的方法。要想使薪酬激励达到最佳的激励效果，就要在薪酬制度上增强激励功能，同时在实际操作中使用一些技巧。

1. 公平合理的直接薪酬

新生代员工有着功利主义的就业观和工作价值观，追求工作公平感和职业成就感。一方面，他们倾向于用收入来证明自己的能力与社会地位；另一方面，他们也需要用收入来改变自己的生活状况。直接薪酬包括基本工资、奖金和激励计划、津贴和补贴三部分，它们的作用相当于赫茨伯格"双因素"理论中的保健因素的作用，缺乏公平性或者结构制定不合理的直接薪酬的发放必然会引起新生代员工强烈的不满，打击他们的工作积极性，进而使其产生离职念头，引发离职行为，因此公平合理的直接薪酬对于激励新生代员工来说至关重要。

2. 弹性福利制度和股权激励

间接薪酬包括福利和股权两部分。福利又被进一步分为法定福利、企业福利、带薪假期三部分。股权激励包括向员工提供股票、股权或期权三种。福利具有增加企业招聘优势、减轻员工税收负担、增强员工归属感和核心员工的留任意愿的功能。股权激励是一种激励性的长期报酬，能够将员工利益和企业利益挂钩，使员工和企业成为命运共同体；能够强化员工的主人翁意识，调动员工的工作积极性。因此企业在激励新生代员工时可以在基本薪酬制度不变的情况下，设计专属于他们的弹性福利制度，允许他们在福利菜单中自由挑选适合自己的福利组合。对于那些能力很强的核心员工，还可以给他们提供股权激励，增强他们的归属感。

由此可见，金钱在所有因素中所占的权重最高。团队领导要想留住员工，一定要尽量设计具有竞争力的薪酬制度。没有竞争力的薪酬制度很容易受到员工的排斥，并可能导致员工流失。

在员工的心目中，薪酬不仅仅是一定数目的钞票，它还代表了身份、地位、个人能力的高低和成就的大小。合理而有效的薪酬制度不但能有效地调动员工的积极性与主动性，促进员工努力实现组织的目标，提高组织效益，而且能助公司在竞争日益激烈的人才市场上吸引人才和保留住一支素质良好的员工队伍。相反，不合理的薪酬制度则是一种负激励因素，它会引发各种各样的组织矛盾，降低员工的积极性。因此，管理者必须对薪酬问题予以格外关注。

3. 真诚地赞美新生代员工

赞美是管理者调动下属的积极性、激发下属工作热情以实现工作目标的绝佳方法，在领导工作中具有非常重要的作用。洛克菲勒曾经说过："要想充分发挥员工的才能，方法是赞美和鼓励。一个成功的管理者应当学会如何真诚地去赞美他人，诱导他们去工作。我总是厌恶挑别人的错，而从不吝惜说他人的好处。事实也证明，企业的任何一项成就都是在被嘉奖的气氛下取得的。"

赞美是一种肯定，是一种鼓励，赞美可以让平凡的生活富有乐趣，赞美可以把不协调的声音变成美妙的音乐，赞美可以激发人们的自豪感与上进心。

某大型民营公司的一名清洁工本来是一个最底层、最被人忽视和看不起的角色，但就是这样一个人，却在一天晚上公司保险箱被窃时与小偷进行了殊死搏斗。

事后，有人为他请功并问他出手的原因，他给出的答案却出乎人意料。这个清洁工说："公司的总经理每次从他身旁经过时总会赞美说'你扫地扫得真干净'。"

就是这么一句简简单单的话使这个员工受到了感动，并对公司"以身相许"。

赞美是一门艺术。恰当的赞美能够调动员工的工作积极性，能够使彼此的关系更加和谐。对企业管理者来说，赞美员工是一笔小投资，但是它的回报却是非常丰厚的。管理者如果能学会赞美员工的技巧，掌握赞美别人的艺术，

一定能收到意想不到的回报。

某高校双创中心处长很善于称赞科员们。因为他知道，称赞的力量往往是巨大的，称赞可以激励科员们不断努力、再创佳绩。

办公室秘书小高在一次竞赛中获得了年度新闻稿件创作一等奖。拿回证书以后，处长就给予了小高较高的评价："小高，不错！你的那篇稿子我拜读过，文笔流畅，观点突出。好好努力，将来很有发展的潜力。"

双创中心的双创教师小闫在青年教师教学竞赛中获得二等奖。处长高兴地说："这次获奖是你平时努力的结果。这就叫'功夫不负有心人'。如果没有往日的努力，是不可能会取得这么好的成绩的。"

这种称赞使下属意识到了自己的价值，从而也对自己充满了信心，同时还使下属领会到领导对自己付出心血的肯定，便会产生知己感。

赞美是一种力量。一个人具有某些长处或取得了某些成就时需要得到别人的承认。如果你能以诚挚的敬意和真心实意的赞扬满足他的自我需求，那么被赞扬者就可能会变得更愉快、更通情达理、更乐于协作。

现实工作中，当员工付出艰辛劳动、接受工作指派后取得成果时，他们往往更渴望得到别人的尊重与承认。这时候给予其真诚的赞美能让人有一种如沐春风的感觉。因为赞扬就是认可他的价值，肯定他的工作，使他拥有成就感、满足感。真正成功的团队管理者是那些善于赞美员工、肯定员工的人。作为管理者，你应该努力发现可以对下属加以赞扬的事情，寻找他们的优点，形成赞美的习惯。

创业教练尚蓬勃2019年为某高校大学生创业项目训练营授课，谈起那次训练，他说了这样一个故事：

在训练营上课的大学生创业者当中，有位项目领导对于激励技巧的使用颇不以为然。在训练课程结束后大约一个星期，那位项目领导负责一份重要简报的制作，由于他做得十分出色，该高校的领导——一位处长想要赞美他。处长找了一张黄色的图画纸，把它折成一张精美的卡片，外边写上"太棒了！"里边则写了些鼓励的话，然后当面称赞了他，并把那张卡片送给了他。项目领导把卡片拿在手中读了一遍，读完之后僵直地站在那里愣了一会儿，然后头也不抬地走出了办公室。处长有点莫名其妙，心想："是不是我做错了什么？"心中不安的处长尾随项目领导出去看看，结果发现该项目领导到每个有学生创业园入驻的办公室都转了一圈，向别人炫耀他那张卡片。

那位项目领导此后把这招运用得比处长还好，他为自己专门设计、印刷了一批用来赞美别人的卡片，经常用于团队内部和与合作客户的交流过程中，该项目在他的带领下也获得了当年的国赛银奖，而且现在项目在行业里做得已经小有影响力了。

赞美之所以对人的行为能产生深刻影响，是因为它满足了人自尊的需要。赞美是对一个人行为的反馈，它能给人带来满意和愉快的情绪，给人以鼓励和信心，让人保持这种行为，继续努力。赞美也是一种有效的激励手段，可以调动和保持一个人行动的主动性和积极性。

其实我们每个人都渴望得到别人的认可与赞誉。认可与赞誉指承认员工

的绩效贡献并对员工的努力给予特别关注。及时并恰当地给予员工赞誉与认可，可以满足员工的内在心理需要，激励员工努力工作。赞誉与认可包括口头表扬、书面表扬、授予荣誉称号等多种形式，可根据实际需要进行选择。

因此，组织管理者在激励新生代员工时，一方面要设置组织中主要工序和岗位全覆盖的荣誉奖项，如金银星级员工奖、先进集体及先进集体负责人奖、合理化建议奖等。让组织里每一位努力工作的员工都能够得到相应的荣誉与认可；另一方面还要根据各岗位的特征设置专项荣誉奖，如给技术岗位的员工设置技术创新奖等。从荣誉上认可员工为工作付出的努力，同时颁发奖金提供相应福利，让员工得到切切实实的好处。最重要的是要给予优秀员工直接即时的奖励。

赞美作为一种激励方式，不是随意说几句恭维话就可以奏效的。事实上，赞扬新生代员工也有一些技巧和需要注意的要点。

1. 赞扬要及时

新生代员工在做完一件工作后，往往希望尽快了解它的价值和社会反应，如果得到及时肯定，会给他带来愉快的感觉，使他的行为得以保持。

2. 赞扬的态度要真诚

赞美一个普通员工必须真诚。每个普通人都非常珍视真心诚意，这也是我们人际沟通能力高低最重要的一个衡量尺度。英国专门研究社会关系的卡斯利博士曾经说过："大多数人选择朋友都是以对方是否出于真诚而决定的。"如果你在与一个普通员工进行人际交往时不是真心诚意的，那么如果你想与他建立一种良好的人际关系几乎是不大有可能的。所以在你开始赞美一个普通员工时，你必须首先确认你所要赞美的那个人的确有这样的优点，并且必须要有充分的逻辑和理由去肯定他或赞美他。必须尽量避免使用任何空洞、刻板的公式化的言语，或不附带任何感情的机械性表达的话语。这么做容易使人有言不由衷之感。

3. 赞扬的内容要具体

表扬员工时，要针对他的工作，而不是针对人。哪件事做得好，什么地方值得赞扬，说得具体些，才能使受夸奖者产生心理共鸣。比如"你刚才结尾的地方设计得很有创意"。如此一来，员工便知道哪里做得好。倘若你进一步夸赞其人："结尾做得很有创意，可见你是个很有创意的人。"就更能提升员工的心理满意度。相反，如果你对任何人都用一样的赞美之词，使用空洞、刻板、公式化的夸奖，或不带任何感情的机械性话语，那么时间久了，你的赞美之词就成了乏味的形式语言。

4. 注意选择赞扬的场合

在众人面前公开赞美员工，对被赞美的优秀员工而言，当然受到的鼓励是非常大的。这是一种赞美员工的好方式，但是你采用这种方式时要特别慎重，因为被赞美的表现如果不能得到大家客观的认同，其他员工自然会产生一些不满的情绪。因此，公开赞美的事项最好是能被大家认同且获得一致认可的事项。

5. 赞人不要又奖又责

作为组织管理者，一般的夸奖似乎很像是工作总结，先表扬，然后使用"但是""当然"一类的转折性词语。这样的辩证、全面很可能使我们的夸奖失去了原有的作用。我们应当将表扬、批评分开，不要混为一谈，事后再寻找合适的机会进行批评才有可能获得最佳效果。

6. 赞美下属的特性和工作结果

赞扬下属的特性就要避免赞扬共性特点；赞扬下属的工作结果就不要赞扬下属的工作过程。

作为管理者，在赞扬一位下属时，一定要注意赞扬这位下属所独具的那部分特性。如果管理者对某位下属的赞扬的是所有下属都具有的能力或都能完成的事情，这种赞扬会让被赞扬的下属感到不自在，也会引起其他下属的强烈反感。

与此相似，管理者要赞扬是下属的工作结果，而不是工作过程。当一件工作彻底完成之后，管理者可以对这件工作的完成情况进行赞扬。但是，如果一件工作还没有完成，管理者仅仅是对下属的工作态度或工作方式感到满意就进行赞扬，可能不会收到很好的效果。相反地，这种对工作过程的赞扬还会增加下属的压力，下属进而还会对管理者的赞扬产生条件反射式的反感。若是如此，管理者的赞扬也就弄巧成拙了。

赞美是一种不需要任何投入的激励方式。作为组织管理者，我们千万不要吝啬使用自己的语言，真诚地去赞美你的员工，这是促进人们正常交往和更加努力工作的好方法。

4. 榜样的力量是无穷的

榜样激励就是领导者通过树立鲜明、生动、具体、形象的学习榜样，激发全体员工的上进心和荣誉感，以较为煽情的方式带动员工一起共同奋斗。榜样的力量是无穷的，一个企业如果能树立榜样，就会潜移默化地使员工们受到教育，从而激励斗志，使其奋发有为。

1995年出生的小张是公司的财务主管。他在这家公司从事财务工作已经很多年了，虽然只有大专学历，但他通过刻苦自学考取了注册会计师。老板看到小张工作认真又这么上进，于是就提拔他做了公司的财务主管，要大家以他为榜样，多多向他学习。老板的这个决定触动了所有员工，他们都说："一个大专生就能取得这么大的成就，为何我们不能呢？"这样，一下子调动了所有员工的工作积极性，激励作用明显。从此，其他的员工都积极地学习和工作，从而推动了企业学习型组织的建设。

榜样具有很强的感染、激励、号召、启迪、警醒的作用，是管理者手中一件极具说服力的激励利器。与空洞的说教不同，榜样的力量在于行动，行动比语言更能说服人，给员工一种潜移默化的影响。一个榜样就是一面旗帜，用榜样带动员工，形成向心力、凝聚力，是促进组织发展的好选择。

如果管理者在树立榜样时没有使用正确的方法，那么榜样的激励作用会大打折扣，难以达到管理者预期的效果。管理者如何做才能更好地使榜样发挥激励作用呢？

1. 所选的榜样应与普通员工有共性

在选择榜样时，管理者要注意选择与普通员工的经历相似，并与普通员工有共性的人物作为榜样。榜样与普通员工有共性，普通员工才更容易学习他的行为。同时，管理者要为各部门、各岗位树立不同的榜样，使不同部门、不同岗位的员工都有要学习、超越的对象。

2. 要树立真实的榜样

管理者选择的榜样必须是真实的，即榜样也是存在缺点的，并不是完美的样板。榜样可以从员工中产生，一个被其他员工认可、思想进步、工作出色的员工就可以成为榜样。当然，榜样也不可能样样完美，这种真实的榜样才会激起其他员工向其学习的欲望，才能被信服。

3. 选择榜样要有科学的标准

管理者在思考一个员工能不能成为榜样时，要重点关注其对企业的贡献，而不仅仅关注其勤俭、刻苦的品格等。

4. 要适当保护榜样

管理者持续关注榜样并鼓励其不断进步会使一些员工产生不平衡心理并

对榜样进行言语打击。此时，管理者要及时对这些员工进行批评教育，引导他们学习榜样的优点，同时也正视榜样的缺点。

树立榜样能够起到有效的激励作用，因为行动比言语教导更能影响人。管理者要充分发挥榜样的力量，通过对榜样的表扬引导员工积极工作，向榜样看齐。这对于员工的发展和团队的团结都是十分有利的。

5. 激发新生代员工的竞争意识

当前无论在国内还是全球范围内，针对年轻群体的管理日益呈现游戏化趋势。有心理学家认为，玩的对立面并非日常工作，而是内心的压抑，当压抑得到释放时，年轻群体的工作效率就会大幅提升。

年轻人喜欢打游戏，其实，打游戏通常出于三种心理：我想赢，但实际上未赢；我不想孤单，希望与他人建立亲密关系；我要证明自己的实力。其实这三种心理在职场上也很常见。

第一种"我想赢"心理背后隐藏的是成就动机，这种动机被激发后，员工就不想认输，而会积极努力去做。因此要多给予新生代员工"想赢"的动机。如果他们在工作中没有表现的欲望，则表明他们的状态是有些压抑的。在这种状态下是无法产生"想赢"的心理的。

第二种心理是期望与他人建立亲密关系。新生代员工希望能获得其他人的认可，包括管理者的认可。比如有些新生代员工喜欢分享自己成功的心得，乐于分享自己的成就，期望引起其他人包括管理者的认可。如果无法与他人建立亲密关系，新生代员工会觉得工作非常沉闷。新生代员工的分享欲望很强，如果公司能提供分享的机会、平台给他们，就可以使他们释放天性，还能让他们感觉得到了认可，因而激发这些员工的工作动力。

第三种心里是想要证明自己的实力。这种心理较为普遍，每位员工都希望通过工作证明自己的价值。

每个成年人都具有很强的自尊心，潜在的心理都是希望"站在比别人更有优势的地位上"，或"自己被当成重要的人物"。从人类心理学家的角度来讲，这种欲望心理就是自我追求超越的潜在欲望的表现。这种潜在欲望也正是使人类富有干劲的基本心理因素。

在优秀的企业中流行着这样一种工作意识：业绩是比出来的，没有竞争永远出不了一流的成果。那些企业管理者注重持久性地保持员工的"竞争"观念，培养员工的竞争意识和竞争能力，增强员工对于"竞争"的认可度。他们努力让所有的员工都意识到：已有的辉煌只是暂时的，稍有懈怠，个人和企业的竞争实力就会每况愈下。通过竞争管理机制发挥作用使员工强烈意识到竞争的存在和无情，最大限度地发挥主动性和潜力，不断拼搏、进取、创新，使企业拥有强劲的、比较均衡的竞争力，为企业逐鹿未来市场奠定基础。

竞争是大自然的生存法则，也是现代企业成功使用激励法的一个方式。良好的内部竞争是员工具有创造力和工作士气的有力保障，是使企业成功的必要手段。心理学实验表明，竞争可以增加员工50%或更多的创造力。

竞争的形式有很多种，例如，进行各种竞赛，如销售竞赛、服务竞赛、技术竞赛等；公开招投标；进行各种职位竞选；几组人员研究相同的课题，看谁的解决方式最好，等等。还有一些"隐形"的竞争，如定期公布员工工

作成绩，定期评选先进分子等。你可以根据本企业的具体情况不断推出新的竞争方法。

无论采取什么形式，要想把竞争机制真正在企业中建立起来，都必须先解决下面三个问题，也就是建立竞争机制的三个关键点。

1. 激发新生代员工"逞能"的欲望

新生代员工总是具有一定能力的，其中有些人愿意并且希望能够一试身手，展现自己的才能；而有的员工则由于种种原因，表现出一种"怀才不露"的状态。这就给管理者提出了一个问题：如何激发新生代员工的"逞能"欲望？时此，通常的做法有两种。

一种是物质诱导，即按照物质利益的原则，通过奖励、提高待遇等杠杆的使用促使员工努力工作、积极进取。

另一种是精神诱导。这也分为两种情况：其一是事后鼓励，比如在员工完成了一项任务后给予表彰；其二是事前激励，即在员工完成某项工作之前就给予其恰当的刺激或鼓励，使其对该项工作的完成产生强烈的欲望。这样一来，其求胜心理和成功的意识便会激发，从而乐于接受任务并竭尽全力地完成。尤其是对于那些好胜心或者进取心比较强的员工，事前激励要比事后鼓励更有效果。

事前激励一般有两种方式。一种是正面激励，一种是反面激励。前者是指从正面进行说服或勉励，向其说明事后的奖励政策；后者就是通常所说的

"激将法"。由于激将法对人的尊严和荣誉感有着强烈的刺激，所以在一般情况下都能成功。

2．强化新生代员工的荣辱意识

具有荣辱意识是使员工勇于竞争的基础条件之一，但是每个人的荣辱意识都不相同。有的人荣辱感非常强烈，而有的人荣辱意识则比较弱，甚至还有的人几乎不知荣辱。因此，管理者在启动竞争机制时，必须强化员工的荣辱意识。

强化荣辱意识首先要激发员工的自尊心。自尊心是人的重要精神支柱，是进取的重要动力，并且与人的荣辱意识有着密切联系。然而事实上，并不是每个人都具有强烈的自尊心。根据有关分析，可大致将员工的自尊状态分为三种类型，即自大型、自勉型和自卑型。对于第一种人来说，他们的荣辱感极强，甚至表现为能受荣而不能受辱，并且他们的荣辱感往往伴随有强烈的嫉妒色彩。这就要求管理者对他们加以正确引导，以防止极端情况发生。对于第二种人来说，其荣辱意识也比较强，只需要管理者稍加引导就可以了。而对于第三种人，管理者必须通过教育、启发等办法来激发其自尊心，尤其是要引导其认识自身的能力和价值。

强化荣辱意识还必须明确荣辱的标准。究竟何为"荣"，何为"辱"，员工应当有一个明确的认识。在现实中，荣辱的区分确实存在问题。比如说，有的人把弄虚作假当成一种能力，而有的人则对此嗤之以鼻；有的人把求实看作

是无能的表现，而有的人则认为这是忠诚的反映。所以，管理者应当让员工有正确的荣辱观，这样才能保证竞争机制的良性发展。

此外，强化荣辱意识还必须使其在工作过程中具体地表现出来。应当让员工们看到：进者荣，退者辱；先者荣，后者辱；正者荣，邪者辱。这样，员工们的荣辱意识必然得到增强，其进取之心也必然得到增强。

3. 给予新生代员工充分竞争的机会

引入竞争机制的目的是激励员工，做到人尽其才，发展团队的事业。为此，管理者必须为员工提供各种竞争的条件，尤其是要给予每个人以充分竞争的机会。这些机会主要包括人尽其才的机会、将功补过的机会、培训的机会以及获得提拔的机会等。在给予这些机会时，管理者必须注意以下三个原则：

第一，均等原则。这就是说，不仅在竞争面前人人平等，而且在所提供的竞争的条件上也应当人人平等。这些条件通常是指物质条件、选择的权利等。

第二，因事用人原则。在一个团队里，由于受到事业发展的约束，竞争的机会只能根据事业发展的需要而定。管理者虽然应当为员工取得进步铺平道路，但是这种进步的方向是确定的，即为团队事业的发展和成功。

第三，连续原则。这是指机会的给予不能是"定量供应"，也不能是"平等供应"和"按期供应"，而是在工作过程中不断地给予员工，使其在努力完成了一个目标之后接着就有新的目标。换言之，就是让员工在任何时候都能获得通过竞争实现进步的机会和条件。

管理者如果想用"竞争"有效地促进员工充分地发挥自己的才能，就绝不能让带有偏激情绪的竞争代替真正的竞争。凭着公平的竞争有效地改善员工个人的工作情绪，使员工的心态积极向上，有更好的表现。管理者在实施竞争策略时，一定要让竞争在公平的平台之上。失去了公平的竞争是不健康的。为了取得更好的业绩，超过别人，员工不再对同事的工作给予支持，而是在背后互相攻击、互相拆台，封锁消息、技术、资料，在任何事情上都摆出水火不容的"我"和"你"有所分别的架势等。这样的竞争势必破坏全体员工的团结，不利于工作的开展。

在竞争日趋白热化的今天，竞争是组织生存的最大武器，是促使员工向上的绝对因素。"马儿眼见就要被其他马匹超越时跑得最快。"在员工之间引入竞争机制，可以最大化地激发他们的好胜心，满足获胜、拔尖、成为优秀者的愿望，进而让员工个个成为杰出的胜者。

6. 信任会激发巨大的能量

我们曾反复强调信任的重要性，然而在职场现实中，很多管理者常常说新生代员工责任心差，而且"嘴边无毛，办事不牢"，因而不敢给予信任。

其实，这个群体的责任心很大，只不过需要领导者给予一定的引导才会被激发。新生代员工处于职业生涯的初级阶段，向往个人理想的实现，期盼着个人才华的展示。管理者给予充分的信任和较高的期望有利于增强和提高他们的责任感和工作热情。

信任即相信并托付。人在受到信任的时候，一般都会产生快乐和满足感，进而诱发出全力以赴的决心。被人相信、被人托付就会感到责任的存在。在组织中，管理者信任员工，员工就会有使命感，会充分发挥主观能动性和创造力。

年轻人感觉敏锐，敢于挑战权威和传统，能够迅速接受新知识、新技术，他们的潜能绝对不可忽视。他们是组织保持活力和创新的中坚力量，是组织开辟新天地的有效推动力量。少了他们，组织中的工作气氛会沉闷，趋于保守和落后。因此，管理者应该信任他们，让他们充分发挥特点和才能，为组织增添活力。

惠普之所以能取得成功，全有赖于它的管理之道。正如惠普的两位创始人休利特和帕卡德所总结的：惠普之道，归根结底，就是信任个人的诚实和正直。它由五个不可分割的核心价值构成。首先第一个就是相信、尊重个人，尊重员工。惠普的整个管理原则重心全部落在信任员工上面。惠普的每一位中层领导都深信每个员工都有他的重要性。

惠普从不对员工随意猜忌。存放电气和机械零件的实验室备品库是全面开放的，这种全面开放是不仅允许工程师在工作中任意取用用品，而且实际上还鼓舞他们拿回家供个人使用。因为惠普的观点是：不管他们拿这些零件做的事情是否与其工作有关，反正只要他们摆弄这些玩意就总能学到点东西。

对于一个庞大的组织来说，管理制度原本是非常重要的，但令人不可思议的是，惠普不但没有作息表，也从不进行考勤。员工可以从早上六点、七点或八点开始上班，只要完成八小时工作即可。这样每个人都可按照自己的生活需要来调整工作时间。

在惠普看来，对员工的信任高于一切。产品设计师们不管做什么东西，全部都留在办公桌上，谁都可以过来摆弄一下，并可以畅所欲言地对这些发明评头论足。这种用人之道用一句俗语可以表达，即"疑人不用，用人不疑"。

很多成功的组织管理者认为若要员工变得愿意承担更多责任，必须让员工们有一种被信任的感觉，或者至少他们被组织平等地对待。创始人休利特和帕卡德认为：只要给予正确的环境和工具，员工们就会积极做好工作。

信任可以增强下属的责任感。作为经营者，只有对下属充分地信任，以信任感激励下属的使命感，下属才能更加自觉地认识到自己工作的重要性，才能在工作中尽职尽责。

信任可以增强下属的主动进取精神。《寻求优势》一书中有这样一句话："实际上，没有什么比感到人们需要自己更能激发热情。"信任就意味着放权，经营者因信任下属而敢于放权。下属得到了工作的主动权，就能放开手脚、积极大胆地进行工作，贡献力量有所发明，有所创造。

信任可以使人才脱颖而出。人才的成长不仅在于他内在的素质，也依赖于外在的条件。"时势造英雄"这句话充分说明了环境条件对于人才成长的重要性。下属一旦受到上司的信任，就会产生一种自我表现的强烈欲望，充分调动自身的潜能，把工作干得好上加好，以赢得上司更大的信任。因此，选拔与重用是加速人才成长的重要途径。

信任可以留住人才。组织的人员流动是正常的和不可避免的，但人才的流失对组织是有害的。信任是经营者的良好品格，会像磁石一样吸引住人才；猜忌、多疑则是一种病态心理，最容易导致人才的流失。充分信任下属的经营者无疑地也会被下属所信任，并能给人以淳朴敦厚、可亲可敬的感觉。凡事从大处着眼，对下属不斤斤计较，尊重下属，下属才能全力以赴为组织效力。

所以说，用人很重要的技巧就是信任和大胆地委任工作。通常，如果领导不信任自己的下属，动不动就下达各种指示，使下属觉得自己只是一部奉命行事的机器，事情的成败与他毫无关系，他自然就对结果和成败不在乎。相反，一个受领导信任、能放手做事的人会负有较高的责任感。所以领导无论交代什么事，他都会全力以赴。如果领导信任下属，并能充分授权，适时激励，就会让员工激发巨大潜能，为结果负责，通过工作让自身全面成长的同时还会为组织带来更好的绩效和发展。

后记

管理学大师彼得·德鲁克指出:"所谓企业管理最终就是人力管理,人力管理就是企业管理的代名词。"人力管理中的一项重要内容就是员工关系管理,员工关系的管理水平直接影响组织经营管理的好与坏。

随着市场竞争环境的发展变化,组织的内部管理环境也在不断改变,所以员工关系管理也要随之改变,要不断提高管理水平。现代职场主力军——新生代员工已经成为员工关系管理的主体。同时,管理者必须面对的一个难题出现了:如何有效管理新生代员工。

作为组织管理者,一定要使管理理念和管理方式与时俱进,积极探索适合新生代员工的管理之路。这样才能使我们的组织及时输入新鲜血液,创造新的活力。

笔者对多年实战的管理经验进行了总结与思考,通过搜集大量资料,加上连续数月夜以继日地辛苦写作,终于将本书打造出炉。在本书的编写过程中,笔者参考了大量的有关代际差异的资料,仅搜集和整理资料就花费数月时间;有时为了考证某一处细节,甚至还会花上几天的时间专门去找与之相关的资料,可谓是煞费苦心。

如今本书已经杀青，也即将付梓，希望本书的面世能对读者有所启示和帮助，能帮助读者在事业上更上一层楼。这是笔者最希望见到的，也是对笔者的最大安慰。